utb 5607

Eine Arbeitsgemeinschaft der Verlage

Brill | Schöningh – Fink · Paderborn
Brill | Vandenhoeck & Ruprecht · Göttingen – Böhlau Verlag · Wien · Köln
Verlag Barbara Budrich · Opladen · Toronto
facultas · Wien
Haupt Verlag · Bern
Verlag Julius Klinkhardt · Bad Heilbrunn
Mohr Siebeck · Tübingen
Narr Francke Attempto Verlag – expert verlag · Tübingen
Ernst Reinhardt Verlag · München
transcript Verlag · Bielefeld
Verlag Eugen Ulmer · Stuttgart
UVK Verlag · München
Waxmann · Münster · New York
wbv Publikation · Bielefeld
Wochenschau Verlag · Frankfurt am Main

Petra Heidler
Albin Krczal
Eva Krczal

Wissenschaftlich Arbeiten für Vielbeschäftigte

Ein praktischer Leitfaden mit
Beispielen, Anleitungen und Vorlagen

Verlag Barbara Budrich
Opladen & Toronto 2021

Die Autor*innen:

Mag. (FH) Petra Heidler PhD MBA MSc BEd,
lehrt am Institut Internationaler Handel und Nachhaltige Wirtschaft an der IMC Fachhochschule Krems und am Department Gesundheit der Fachhochschule St. Pölten

Ass.-Prof. i.R. Dkfm. Dr. Albin Krczal (emeritiert),
promovierte und forschte an der Wirtschaftsuniversität Wien und war zuletzt Leiter des Zentrums für Management im Gesundheitswesen der Donau-Universität Krems

Ass. Prof. Mag. Dr. Eva Krczal,
forscht in den Bereichen „Alterssensibles Lernen" sowie "Gesundheit, Mobilität und Globalisierung" und ist Leiterin des Zentrums für Evidenzbasierte Gesundheitsökonomie

> Bibliografische Information der Deutschen Nationalbibliothek
> Die Deutsche Nationalbibliothek verzeichnet diese Publikation in der Deutschen Nationalbibliografie; detaillierte bibliografische Daten sind im Internet über https://portal.dnb.de abrufbar.

Gedruckt auf säurefreiem und alterungsbeständigem Papier.

Alle Rechte vorbehalten.
© 2021 Verlag Barbara Budrich GmbH, Opladen & Toronto
www.budrich.de

    utb-Bandnr.   5607
    utb-ISBN   978-3-8252-5607-4
    utb-e-ISBN   978-3-8385-5607-9

Das Werk einschließlich aller seiner Teile ist urheberrechtlich geschützt. Jede Verwertung außerhalb der engen Grenzen des Urheberrechtsgesetzes ist ohne Zustimmung des Verlages unzulässig und strafbar. Das gilt insbesondere für Vervielfältigungen, Übersetzungen, Mikroverfilmungen und die Einspeicherung und Verarbeitung in elektronischen Systemen.

Online-Angebote oder elektronische Ausgaben sind erhältlich unter www.utb shop.de.

Lektorat und Satz: Ulrike Weingärtner, Gründau – info@textakzente.de
Umschlaggestaltung: Atelier Reichert, Stuttgart
Titelbildnachweis: Maslowski Marcin, shutterstock.com
Druck und Bindung: Pustet, Regensburg
Printed in Germany

Vorwort

Das vorliegende Buch „Wissenschaftlich Arbeiten für Vielbeschäftigte" ist aus der Praxiserfahrung der Autor/innen und der im Literaturverzeichnis angeführten Quellen entstanden. Es soll den Studierenden eine konkrete Hilfestellung bieten, um den verschiedenen Anforderungen des wissenschaftlichen Arbeitens bei der Verfassung von wissenschaftlichen Arbeiten gerecht zu werden und liefert Anleitungen und Vorlagen für die Verfassung eines Exposés, eines Proposals und einer wissenschaftlichen Arbeit. Die Anleitungen und Vorlagen können über einen Link des Verlages heruntergeladen werden. Die möglichen methodischen Vorgehensweisen werden praxisorientiert beschrieben.

Wir wollen damit einen Großteil möglicher Fragen beim Verfassen einer wissenschaftlichen Arbeit beantworten und einen Beitrag zum Gelingen Ihrer schriftlichen Arbeiten leisten.

Wir wünschen Ihnen viel Freude beim Verfassen Ihrer Arbeit.

Albin Krczal, Eva Krczal, Petra Heidler

Inhaltsverzeichnis

Vorwort		5
1	**Einleitung**	11
2	**Lernergebnisse und Leitfragen**	15
2.1	Lernergebnisse	15
2.2	Leitfragen	16
2.3	Fachliche Orientierung	16
3	**Themenfindung und Konkretisierung**	19
3.1	Strategien der Themenfindung	19
3.2	Konkretisierung und Eingrenzung des Themas	21
4	**Exposé**	25
4.1	Thema und Titel der Arbeit	25
4.2	Problemstellung	26
4.3	Forschungsfrage	28
4.4	Ziel und Zweck der Arbeit	33
4.5	Methodik und Vorgehensweise	39
4.6	Aufbau der Arbeit und Inhaltsverzeichnis	40
4.7	Vorläufiges Literaturverzeichnis	40
4.8	Zeit- und Ressourcenplan	41
5	**Bestandteile und Gliederung einer wissenschaftlichen Arbeit**	47
5.1	Titelei	48
	5.1.1 Deckblatt und Titelblatt	48
	5.1.2 Titel der Arbeit	49
	5.1.3 Sperrvermerk	49
	5.1.4 Vorwort und Danksagung	49
	5.1.5 Executive Summary	49
	5.1.6 Abstract	50
	5.1.7 Abbildungsverzeichnis	51
	5.1.8 Tabellenverzeichnis	52
	5.1.9 Abkürzungsverzeichnis	53
5.2	Textteil	53
	5.2.1 Inhaltsverzeichnis und Gliederung	53
	5.2.2 Einleitung	55

		5.2.3 Hauptteil und Gliederung des Hauptteiles	57
		5.2.3.1 Theoretischer Hintergrund.	59
		5.2.3.2 Empirische Untersuchung und Hypothesen	60
		5.2.3.3 Ergebnisse	65
		5.2.3.4 Diskussion der Ergebnisse	66
	5.2.4	Schlussteil	68
		5.2.4.1 Zusammenfassung, Fazit, Resümee.	69
		5.2.4.2 Ausblick	70
		5.2.4.3 Lernreflexion	70
5.3	Teile nach dem Textteil	71
6	**Arten von wissenschaftlichen Arbeiten**	**75**
6.1	Theoretische Arbeit oder Literaturarbeit.	75
6.2	Empirische Arbeit.	76
6.3	Fallstudien	79
7	**Der Forschungsprozess bei empirischen Arbeiten**	**83**
7.1	Entdeckungszusammenhang	86
7.2	Begründungszusammenhang.	87
	7.2.1 Konzeptspezifikation.	87
	7.2.2 Operationalisierung	89
	7.2.3 Forschungsdesign	90
	7.2.4 Auswahl der Untersuchungseinheiten	90
	7.2.5 Pretest	91
	7.2.6 Datenerhebung	91
		7.2.6.1 Qualitative und Quantitative Methoden	92
		7.2.6.2 Gütekriterien von Messinstrumenten	96
	7.2.7 Datenerfassung	98
	7.2.8 Datenanalyse	98
7.3	Verwertungszusammenhang	99
8	**Der Forschungsprozess bei Literaturarbeiten**	**103**
8.1	Hermeneutik.	103
8.2	Literature Review.	104
8.3	Struktur eines Reviews	105
9	**Literaturrecherche**	**111**
9.1	Ableitung von Suchbegriffen aus der Forschungsfrage	111
9.2	Verknüpfung von Stichwörtern und Schlagwörtern mittels Boolescher Operatoren	114

9.3	Eingrenzung der Suche	117
9.4	Auswahl geeigneter Plattformen für die Recherche	118
9.5	Beurteilung der gefundenen Literatur	120

10	**Zitierweise**	**129**
10.1	Zitierweise im Fließtext	129
	10.1.1 Das indirekte Zitat	131
	10.1.2 Das wörtliche Zitat	134
10.2	Zitierweise im Literaturverzeichnis	136
10.3	Digital Object Identifier und Uniform Resource Locator	140

11	**Formale Rahmenbedingungen**	**147**
11.1	Betreuung und Begutachtung	147
11.2	Abgabe der Arbeit	148
11.3	Häufig vorkommende Fehler	148
11.4	Beurteilungskriterien für wissenschaftliche Arbeiten	151
11.5	Notenschlüssel und Begründung	157

12	**Literaturverwaltungsprogramme**	**158**
12.1	Die Qual der Wahl	158
	12.1.1 JabRef	159
	12.1.2 Zotero	159
	12.1.3 Citavi	160
	12.1.4 Mendeley	162
	12.1.5 EndNote	163
12.2	Es gibt kein „Richtig" und kein „Falsch":	164

Literaturverzeichnis **165**

Internetquellen **167**

Tabellenverzeichnis **170**

Abbildungsverzeichnis **171**

Anhänge **172**
(1) Ergebnisse Wissenstests 172
(2) Anleitungen und Vorlagen 173

Glossar **174**

1 Einleitung

Eine wissenschaftliche Arbeit soll zeigen, dass der/die Verfasser/in „in der Lage ist, eine Problemstellung bzw. Fragestellung selbstständig unter Verwendung wissenschaftlicher und praktischer Erkenntnisse und Methoden zu bearbeiten und zu präsentieren. Im Mittelpunkt steht dabei der Erkenntnisfortschritt" (Lehmann, 2011, S. 4). Wissenschaftliche Arbeiten können theoretisch oder praxisorientiert ausgerichtet sein, sollten aber immer auf einer wissenschaftlichen Grundlage basieren.

In Anlehnung an Niederhauser (2000, S. 4f.) sollen alle schriftlichen Arbeiten

- eine für andere erkennbare Fragestellung nachvollziehbar behandeln,
- zur Erweiterung des Erkenntnisstandes in Theorie und Praxis beitragen,
- adäquate Methoden nachprüfbar anwenden und darstellen,
- die genutzten Quellen richtig und vollständig anführen und
- die Erkenntnisse mit ihren Nutzenaspekten verständlich formulieren.

Bei der Erstellung einer wissenschaftlichen Arbeit gibt es einige **zentrale Aspekte**, die beachtet werden sollten:

(1) **Wahl des Themas**

Das Thema sollte einen Bezug zu einer Problemstellung aus dem gewählten Fachbereich und eventuell eine besondere Bedeutung oder ein besonderes Interesse für den/die Verfasser/in bzw. für offene Fragen einer Organisation haben. Das Thema ist auf jeden Fall einzugrenzen und sollte nicht zu weitläufig sein (siehe Kapitel 3).

(2) **Forschungsfrage**

Die Forschungsfrage muss als W-Frage formuliert sein und zieht sich als Leitfrage durch die ganze Arbeit. Aus dieser Leitfrage können infolge Unterfragen konzipiert werden, die zur Beantwortung der Leitfrage beitragen (siehe Kapitel 4.3).

(3) **Titel der Arbeit**
Der Titel der Arbeit wird aus dem Thema und der Forschungsfrage abgeleitet. Er sollte nicht aus der Forschungsfrage bestehen und weder Abkürzungen noch Fremdwörter enthalten (siehe Kapitel 4.1).

(4) **Arten von wissenschaftlichen Arbeiten**
Die wissenschaftliche Arbeit kann abhängig von der methodischen Vorgangsweise als Literaturarbeit, empirische Arbeit oder als Fallstudie (case study) bzw. Praxisprojekt geschrieben werden. Projektarbeiten sind wegen des Umfangs der Arbeit normalerweise als Literaturarbeit zu verfassen (siehe Kapitel 6).

(5) **Exposé**
Das Exposé bzw. die Disposition ist eine inhaltliche und methodische Beschreibung der geplanten wissenschaftlichen Arbeit (siehe Kapitel 4).

(6) **Executive Summary**
Das Executive Summary soll normalerweise die interessierten Leser/innen über die Ergebnisse bzw. den Nutzen der wissenschaftlichen Arbeit für das Unternehmen informieren. Es unterscheidet sich in einigen Punkten von einem Abstract (siehe Kapitel 5.1.5).

(7) **Abstract**
Das Abstract ist eine Zusammenfassung der gesamten Arbeit in einer sehr kompakten Form und soll die Leser/innenschaft informieren, ob die Arbeit für sie von Interesse ist (siehe Kapitel 5.1.6).

(8) **Gliederung der Arbeit**
Eine wissenschaftliche Abschlussarbeit besteht in der Regel aus drei Teilen (siehe Kapitel 5):
- **Titelei:** Seiten, die dem eigentlichen Text vorausgehen (Deck- bzw. Titelblatt, eventuell der Sperrvermerk, eventuell ein Vorwort oder eine Danksagung, ein Abstract und unter Umständen ein Executive Summary).
- **Textteil:** Inhaltsverzeichnis, Einleitung, Hauptteil, Schlussteil.
- **Verzeichnisse nach dem Textteil:** Literaturverzeichnis, Verzeichnisse wie Abbildungsverzeichnis, Tabellenverzeichnis, Abkürzungsverzeichnis etc. können je nach den Vorgaben der jeweiligen Hochschule/Universität entweder vor dem Textteil oder nach dem Textteil stehen.

(9) **Sprachliche Form**
Hinsichtlich der sprachlichen Form soll vor allem auf die Lesbarkeit, die Formulierungsgenauigkeit, die Rechtschreibung und Grammatik und die richtige Verwendung von Fremdwörtern geachtet werden. In der Regel verlangen Universitäten und Hochschulen, dass die Arbeit gendergerecht verfasst wird.

(10) **Zitate**
Zitate müssen so vorgenommen werden, dass Meinungen, Aussagen oder Positionen anderer Personen als solche erkennbar sind und eine Überprüfbarkeit möglich ist (siehe Kapitel 10).

(11) **Literaturverzeichnis**
Das Literaturverzeichnis enthält die in der Arbeit verwendeten Publikationen (siehe Kapitel 10.2).

(12) **Weiterführende Literatur (Bibliografie)**
Fakultativ kann eine Bibliografie angeführt werden. Texte, die lediglich gelesen, jedoch nicht zitiert wurden, gehören nicht ins Literaturverzeichnis, sondern in die Bibliografie.

2 Lernergebnisse und Leitfragen

In diesem Teil beschäftigen wir uns mit grundlegenden Fragen des wissenschaftlichen Arbeitens. Die Lernergebnisse sollen verdeutlichen, welche Kompetenzen die Studierenden nach Durcharbeiten dieses Lernpakets erworben haben sollten.

2.1 Lernergebnisse

Sie können bzw. werden

- ein Exposé mit den relevanten Inhalten verfassen,
- begründen, warum Sie sich für eine der drei Arten von wissenschaftlichen Arbeiten entschieden haben,
- ein Abstract schreiben,
- ein Executive Summary schreiben (sofern dies von Ihrer Bildungsinstitution vorgeschrieben ist),
- eine Problemstellung und, daraus abgeleitet, eine Forschungsfrage und ein Ziel der Arbeit formulieren,
- mögliche Methoden und Vorgehensweisen bei der Beantwortung der Forschungsfrage erläutern und diskutieren,
- eine Hypothese formulieren,
- aus der Forschungsfrage eine Suchstrategie nach geeigneter Literatur ableiten,
- unterschiedliche Beschaffungswege von Literatur nutzen und die Qualität der gesichteten Literatur bewerten,
- bei einer empirischen Erhebung auf die Gütekriterien von Messinstrumenten achten,
- eine Einleitung, einen Haupt- und Schlussteil mit den vorgesehenen Punkten schreiben,
- verschiedene Quellen richtig zitieren,
- häufig vorkommende Fehler vermeiden.

2.2 Leitfragen

Versuchen Sie schon einmal anhand Ihres Vorwissens die dargestellten Fragen zu beantworten:

- Welche Punkte sollte ein Exposé enthalten?
- Welche Punkte sollte ein Abstract enthalten?
- Welche Unterschiede gibt es zwischen einem Abstract und einem Executive Summary?
- Wann liegt ein zu bearbeitendes Problem vor?
- Wozu wird eine Forschungsfrage benötigt?
- Wie kann eine Forschungsfrage beantwortet werden?
- Welcher Zusammenhang besteht zwischen Problemstellung, Forschungsfrage, Ziel und Titel der Arbeit?
- Welche methodischen Vorgehensweisen kennen Sie?
- Welche Arten von wissenschaftlichen Arbeiten gibt es?
- Auf welche Gütekriterien von Messinstrumenten werden Sie achten?
- Welche Zitierungsmöglichkeiten gibt es?
- Aus welchen Teilen setzt sich eine wissenschaftliche Arbeit zusammen?
- Welche häufig vorkommenden Fehler werden Sie nicht machen?

2.3 Fachliche Orientierung

Sehen Sie in diesem Überblick noch einmal, welche Kenntnisse bzw. welches Wissen Ihnen mit diesem Lernpaket vermittelt werden soll:

1. **Verfassen eines Exposés**
   Das Exposé sollte folgende Punkte umfassen:
   - Problemstellung
   - Forschungsfrage mit Ziel der Arbeit
   - Methodik
   - Aufbau der Arbeit/Grobgliederung
   - bisher bearbeitete Literatur
   - Zeit- und Ressourcenplan (optional)

2. Verfassen der wissenschaftlichen Arbeit

Eine wissenschaftliche Arbeit gliedert sich in folgende Punkte:

(1) **Titelei:**
- Deckblatt/Titelblatt
- eventuell Sperre der Arbeit
- Vorwort/Danksagung
- Abstract
- Inhaltsverzeichnis
- Abbildungsverzeichnis
- Tabellenverzeichnis
- Abkürzungsverzeichnis

(2) **Hauptteil:**
- Einleitung
- Hauptteil
- Schlussteil

(3) **Teile nach dem Textteil:**
- Literaturverzeichnis
- Anhänge
- Glossar

3 Themenfindung und Konkretisierung

Dieses Kapitel besteht aus zwei Teilen. Der erste Teil beschäftigt sich mit den Strategien, wie Ideen für die eigene wissenschaftliche Arbeit generiert werden können. Im zweiten Teil wird gezeigt, wie das Thema näher konkretisiert und eingegrenzt werden kann.

3.1 Strategien der Themenfindung

Am Anfang jeder wissenschaftlichen Arbeit steht die Idee bzw. das Forschungsinteresse. Von den Studierenden selbst gewählte Themenstellungen sind vielfach erwünscht. Es werden allerdings nur Themen zugelassen, welche sich überwiegend mit fachlichen Fragestellungen des betreffenden Lehr- oder Studiengangs befassen. Viele Institute bieten Studierenden auch Themenvorschläge für Abschlussarbeiten an. Das Thema sollte jedenfalls den eigenen Interessen entsprechen.

Es existieren verschiedene Strategien, Ideen für die eigene wissenschaftliche Arbeit zu generieren. Während des Studiums, im Rahmen von Gesprächen mit Vortragenden oder anderen Studierenden oder aufgrund von konkreten Erfahrungen und Erlebnissen im beruflichen Alltag erhalten Sie Impulse für mögliche Forschungsthemen. Es empfiehlt sich, die eigenen Einfälle und Ideen umgehend, während der Vorlesung, in der Arbeit oder vielleicht auch während eines Spazierganges schriftlich festzuhalten.

Mögliche Strategien der Themenfindung

(1) Literaturstudium (insbesondere wissenschaftliche Fachartikel, aber auch Fachzeitschriften oder Zeitungsartikel)
Wissenschaftliche Fachartikel weisen in den Abschnitten Diskussion oder Schlussbetrachtung („discussion" oder „conclusion") auf Widersprüchlichkeiten, unterschiedliche Positionen oder offene Forschungslücken hin und unterbreiten Vorschläge für weiterführende Forschungsfragen oder empirische Untersuchungen. Hier können Sie sich konkret Ideen für zukünftige Forschungsvorhaben holen. In Fachzeitschriften oder in Zeitungsartikeln erfahren Sie über aktuelle Themen oder Ereignisse, die gerade im Fachbereich diskutiert werden.

(2) **Nutzung spezifischer Gelegenheiten**
Eventuell haben Sie in Ihrem beruflichen oder privaten Umfeld Zugang zu Sekundärdaten (z. B. Mitarbeiter/innenzufriedenheitsanalysen, Kund/innenbefragungen, Verkaufsstatistiken), oder Sie haben Kontakte zu Unternehmen oder anderen Institutionen, in denen Sie eine eigene empirische Erhebung durchführen können.

(3) **Eigene Erfahrungen und Erlebnisse**
Seien Sie aufmerksam für mögliche Impulse aus Ihrem privaten oder beruflichen Umfeld. Eventuell entdecken Sie aktuelle Problemstellungen aus dem Alltag oder dem Berufsleben.

(4) **Besuch von Konferenzen, Fachvorträgen, Lehrveranstaltungen**
Weitere Ideen können sich aus Gesprächen mit Vortragenden, Betreuer/innen, Studien- und Berufskolleg/innen oder Fachexpert/innen ergeben. Insbesondere Konferenzen geben einen Überblick über aktuelle Problemstellungen und Entwicklungen im jeweiligen Fachkreis.

Wichtig für Ihre Motivation zum Schreiben ist, dass die Arbeit Ihren persönlichen Interessen und Ihrer wissenschaftlichen Neugier entspricht. Das Thema sollte allerdings nicht zu intensiv mit den persönlichen, beruflichen Anliegen oder der eigenen Lebensgeschichte verknüpft sein, da eine wissenschaftliche Arbeit auf einer rein sachlichen, objektiven Ebene abgehandelt werden muss.

 Tipp:
- Nehmen Sie sich anfangs Zeit, Ihre Gedanken ungefiltert und unstrukturiert zu notieren.
- Nicht immer müssen es eloquent ausformulierte Sätze oder sogar ein fertiges Forschungsprojekt sein.
- Sprechen Sie anhand dieser Notizen mit Freund/innen oder Bekannten und suchen Sie sich Personen, die Sie bei Ihrem Vorhaben unterstützen können. Dies können ehemalige Vortragende, Professor/innen, Kolleg/innen oder auch professionelle Berater/innen sein.

3.2 Konkretisierung und Eingrenzung des Themas

Zur näheren Konkretisierung und Eingrenzung sollten Sie einen guten Überblick über den aktuellen Wissenstand im gewählten Themenbereich haben. Dazu ist eine Auseinandersetzung mit dem geplanten Thema durch ein Literaturstudium oder Gespräche mit Fachexpert/innen empfehlenswert. Suchen Sie in aktuellen Auflagen von Enzyklopädien oder Lexika nach den zentralen Begriffen Ihres Themas. So gewinnen Sie einen ersten von Expert/innen verfassten Überblick über das Fachthema und erhalten Hinweise auf weiterführende Literatur. Lehrbücher können ebenfalls als Einstiegshilfe herangezogen werden. Sie bekommen Hinweise auf die wichtigsten Vertreter/innen in diesem Themenbereich und weisen oft auf Detail- und Sonderfragen hin. Suchen Sie nach relevanten Zeitschriften und durchsuchen Sie die aktuelleren Ausgaben (die letzten drei bis fünf). Lesen Sie die Literaturverzeichnisse der besonders relevanten Literatur und identifizieren Sie Namen der Autor/innen, die sich intensiv mit dem Thema beschäftigt haben. Einen tiefergehenden Einblick erlangen Sie durch die Lektüre von Fachbüchern oder Review-Artikeln. In Fachbüchern finden Sie Hinweise für vertiefende Fragestellungen. Review-Artikel geben einen guten Überblick über den aktuellen Stand der Wissenschaft und Forschung und verweisen auf Widersprüchlichkeiten und offene Forschungslücken.

Oft wird eine zu umfassende Themenstellung in wissenschaftlichen Arbeiten gewählt. Als Konsequenz wird unnötig viel Zeit für Literaturrecherche, Lesen und Schreiben verwendet und eine schlechtere Bewertung riskiert, da das Thema nicht in die notwendige Tiefe geht und keinen Erkenntniszuwachs bringt. Daher sollte nach der Ideengenerierung ein bewusster Schritt zur Themeneingrenzung gesetzt werden. Es gibt mehrere Möglichkeiten, eine Themeneingrenzung vorzunehmen. Sie können beispielsweise ihre gewählte Themenstellung auf einer Mindmap darstellen. Notieren Sie sich alle Teilaspekte bzw. Teilfragen, die in Zusammenhang mit dieser Themenstellung stehen. Anschließend kreisen Sie jenen Teilaspekt ein, der Sie am meisten interessiert (siehe Abbildung 1). Dieser Teilaspekt bildet nun das Thema Ihrer Arbeit.

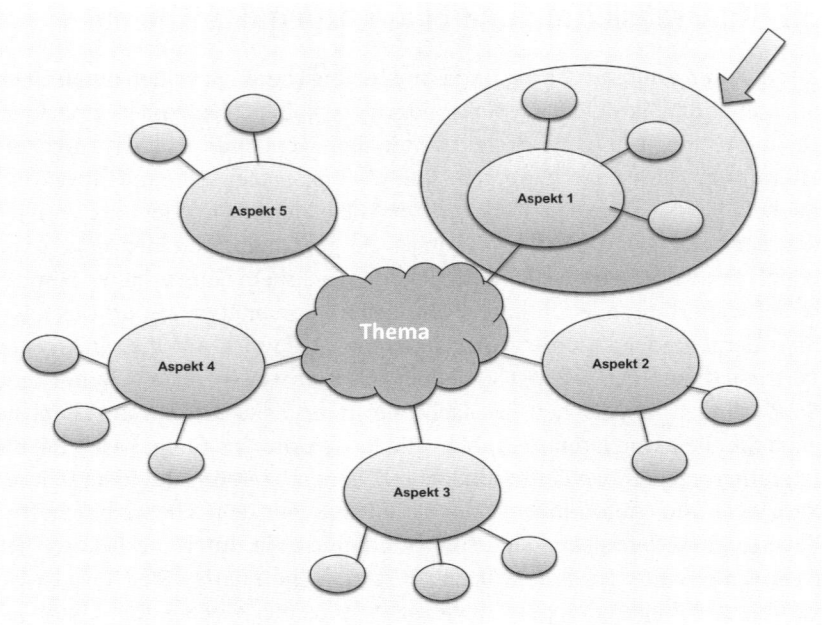

Abbildung 1: Konkretisierung des Themas mittels Mindmap
(eigene Darstellung)

Jede wissenschaftliche Arbeit erfolgt innerhalb eines bestimmten Rahmens bzw. innerhalb bestimmter Grenzen. Die Eingrenzung der Arbeit sollte daher konkret angeführt werden. Ein Thema kann durch folgende Gesichtspunkte eingegrenzt werden (in Anlehnung an Franck & Stary, 2009, S. 161f.):

- zeitliche Eingrenzung, z. B. von Juni bis Dezember, im Jahrhundert,
- geografische Eingrenzung, z. B. in Europa,
- auf bestimmte Branchen (z. B. Einzelhandel, Banken),
- auf bestimmte Arten von Unternehmen/Institutionen (z. B. KMUs, Non-Profit-Unternehmen, Einrichtungen der Pflege),
- auf Personengruppen, z. B. Mitarbeitende eines Call-Centers, Generation Z,
- auf Personen mit einer bestimmten Funktion (z. B. Führungskräfte im mittleren Management, Controller),
- nach Disziplingesichtspunkten, z. B. didaktische, linguistische, literarische Analyse des Deutschunterrichts,
- nach Theorieansätzen, Erklärungskonzepten, z. B. eine systemtheoretische Betrachtung, ein statistischer Vergleich, eine qualitative Untersuchung,

- nach Vertreterinnen und Vertretern eines Theorie- bzw. Erklärungsansatzes, z. B. eine Analyse in Anlehnung an X,
- nach ausgewählten Aspekten, z. B. die Kirche als Männerwelt.

In manchen Fällen ist auch eine Kombination von Eingrenzungsmerkmalen sinnvoll.

Am Ende der Themenkonkretisierung sollten Sie folgende sieben W-Fragen beantworten können (Esselborn-Krumbiegel, 2014, S. 67f.):

1. **Was möchten Sie herausfinden?**
   Formulierung der zentralen Fragestellung der Arbeit

2. **Welche Unterfragen könnten Sie stellen?**
   Welche Unterfragen müssen bearbeitet werden, um das Hauptproblem zu lösen?

3. **Inwieweit ist Ihr Thema anderen Themen ähnlich?**
   Mit welchen Fragestellungen haben sich ähnliche Arbeiten beschäftigt? Welche Methodik wurde dort angewandt? Welche Aspekte wurden bereits untersucht?

4. **Worin unterscheidet sich Ihr Thema von ähnlichen anderen Themen?**
   Unterscheidungen lassen sich anhand des untersuchten Materials, der Art der Fragestellung oder dem methodischen Vorgehen identifizieren.

5. **Was könnte sich an Ihrem Thema noch ändern?**
   Kann das Thema noch weiter eingegrenzt werden?

6. **Was soll an Ihrem Thema unbedingt so bleiben?**
   Was soll herausgefunden werden? Was möchten Sie unbedingt herausfinden? Was ist in dieser Arbeit am wichtigsten und warum?

7. **Welchen Platz hat mein Thema ungefähr in der Forschungslandschaft?**
   Welche Forschungsschwerpunkte und unterschiedlichen Standpunkte gibt es zu dem Thema?

> 💡 **Tipp:**
> - Sie stehen am Anfang eines Forschungsprojektes und müssen nicht das ganze Feld und alle Forschungsansätze kennen.
> - Bevor Sie sich in stundenlangen Recherchen verlieren, suchen Sie in Online-Katalogen nach Arbeiten, die ähnliche Themen behandeln, dies kann erste Anhaltspunkte liefern.
> - Sprechen Sie mit Personen, die schon Erfahrung haben, es gibt viele Forscher/innen, die bereit sind, ihre Erfahrungen zu teilen. Seien Sie mutig!

4 Exposé

Mit dem Exposé soll das Forschungsvorhaben inhaltlich und methodisch konkretisiert und vorgestellt werden. Das Exposé ist so aufgebaut, dass es im Wesentlichen der Einleitung der verfassten Arbeit entspricht. Nachdem ein Themenbereich eingegrenzt wurde, sollte das geplante Forschungsprojekt im Rahmen eines Exposés entsprechend den Richtlinien der jeweiligen Bildungsinstitution vorgestellt werden. Mit dem Exposé soll zudem erreicht werden, dass sich die Forschungsfrage als Leitfrage wie ein roter Faden durch die gesamte Arbeit zieht. Das Exposé soll somit auch zeigen, dass sich der/die Verfasser/in mit dem Themenbereich und der Forschungsfrage bereits auseinandergesetzt hat und dass die Arbeit zu neuen wissenschaftlichen Erkenntnissen führen kann bzw. einen Anwendungsbezug aufweist. Inhaltlich soll das Exposé die nachfolgend angeführten Punkte enthalten.

4.1 Thema und Titel der Arbeit

Der Titel der Arbeit wird aus der Problemstellung bzw. der Forschungsfrage abgeleitet und muss die Arbeit inhaltlich beschreiben. Er liefert der Leser/innenschaft erste Information über die Arbeit und soll bei der Leserin/ beim Leser eine Neugier bzw. ein Interesse auslösen, aber keine falschen Erwartungen wecken. Er ist sozusagen ein Abstract vom Abstract und sollte daher kurz, informativ und umfassend sein. Falls erforderlich kann ein Untertitel verwendet werden, um ein komplexes Thema anschaulicher darzustellen. Der Titel ist mit der Forschungsfrage abzustimmen, darf aber nicht identisch mit der Forschungsfrage sein.

Bitte beachten Sie:

Wenn der Titel der Arbeit festgelegt ist, sollte er

- die wichtigsten Keywords enthalten,
- mit der Forschungsfrage abgestimmt sein,
- keine Nebensätze enthalten,
- aus keiner Frage bestehen,
- aus keiner Behauptung bestehen,
- nicht mehrere Details, Abkürzungen oder Fremdwörter enthalten.

Die Eingrenzung des Themas führt zunehmend zum Titel der Arbeit. Wenn z. B. der Themenbereich „Führung" gewählt wird und daraus der Titel „Führung im Betrieb" abgeleitet wird, so wäre dieser Titel zu allgemein, weil das Thema vorher nicht eingegrenzt worden ist. Das Thema könnte daher z. B. auf „Führungsstil und Loyalität der Mitarbeitenden" eingegrenzt werden. Ein möglicher Titel wäre dann „Auswirkungen des autoritären Führungsstils auf die Loyalität der Mitarbeitenden". Aus einem derart eingegrenzten Thema kristallisiert sich dann auch eine Forschungsfrage heraus.

4.2 Problemstellung

Mit der Problemstellung wird die Relevanz des Themas bzw. der wissenschaftliche und praktische Nutzen der Arbeit dargelegt. Die Problemstellung beginnt mit einer allgemeinen Einführung in die Thematik, anschließend wird das Problem kurz beschrieben. Dabei werden Forschungslücken aufgezeigt bzw. der Praxisnutzen der Arbeit dargelegt. Die Lösung des Problems liegt in der Beantwortung der Forschungsfrage. Der letzte Absatz der Problemstellung sollte bereits auf die Forschungsfrage verweisen. Bei der Formulierung der Problemstellung können Sie sich auf folgende Fragen stützen:

- Was ist das Thema?
- Welches zu bearbeitende Problem ergibt sich aus dem Thema?
- Wo liegt das Problem?
- Warum befasse ich mich mit diesem Problem?
- Wer sind die Interessent/innen an einer Problemlösung?
- Wie lässt sich das Problem formulieren? (Problemstellung).
- Wie kann das Problem gelöst werden?

Im Rahmen der wissenschaftlichen Arbeit soll also das Problem gelöst werden bzw. die Forschungsfrage beantwortet werden. In der Problemstellung gilt es zu argumentieren, warum das Problem eigentlich ein Problem ist, für wen das Problem relevant ist und welcher Nutzen aus der Lösung des Problems zu erwarten ist. Bei der Beschreibung des Problems sollte der gegenwärtige Kenntnisstand angeführt werden. Dabei ist u. a. zu erläutern, warum es sich um ein aktuelles Problem handelt und für wen die Lösung des Problems von Bedeutung ist bzw. warum das Problem eine solche Bedeutung hat. Wenn möglich sollte ein Problem gewählt werden, welches für die Wirtschaft, das Individuum, eine Personengruppe, eine Organisation oder die

Gesellschaft von Interesse ist. In der Problemstellung sollten nicht mehrere Aspekte gleichzeitig angerissen werden. Im Mittelpunkt stehen dabei ein konkretes Problem und die mögliche Lösung. Aus einer derart formulierten Problemstellung lässt sich dann die Forschungsfrage ableiten.

✎ Übung 1: Problemstellung

Mit dieser Übung können Sie nun überprüfen, ob Sie mit dem bisher erworbenen Wissen bereits eine anspruchsvolle Problemstellung formulieren können. Gegeben sind die angeführten fünf Themenbereiche

- Gehalt von Mitarbeitenden
- Mitarbeiter/innenzufriedenheit
- Führungsstile und Mitbestimmung der Mitarbeitenden
- Arbeitslosigkeit
- Innovationskultur in einer Organisation

Wählen Sie einen dieser Themenbereiche, grenzen Sie das Thema ein und formulieren Sie dann eine Problemstellung. Zitieren Sie auch Literatur zur Problemstellung. Gehen Sie auf folgende Punkte ein:

- Was ist das Problem, das Sie in Ihrer Arbeit bearbeiten wollen? (Formulierung/Beschreibung des Problems)
- Was wissen wir gegenwärtig über dieses Problem?
- Warum ist es ein aktuelles Problem?
- Für wen ist die Lösung des Problems wichtig? (Auftraggeber/innen der Studie bzw. Interessent/innen an der Problemlösung)
- Eingrenzung des Problems (Was wird nicht behandelt?)
- Mit welcher Vorgehensweise wollen Sie das Problem lösen? (Methodik nur kurz anführen)

Nachdem Sie das Problem mit den o. a. Fragen beschrieben haben, leiten Sie daraus den Titel der Arbeit ab. Die Übung sollte maximal eine Seite umfassen.

4.3 Forschungsfrage

Wie lautet die Forschungsfrage, die beantwortet werden soll? Es muss sich um eine W-Frage, also beginnend mit wie?, was?, womit?, welche?, warum?, inwieweit, unter welchen Umständen?, inwiefern und dergleichen mit einem Fragezeichen am Ende der Frage handeln, die als forschungsleitende Fragestellung (Leitfrage) für die Arbeit zu betrachten ist. Die Forschungsfrage sollte in einer einzigen, globalen Frage direkt formuliert werden. Die Forschungsfrage sollte offen formuliert sein, das heißt, die Beantwortung der Forschungsfrage darf nicht durch ein „Ja" oder „Nein" erfolgen können. Die Fragestellung kann in Unterfragen unterteilt werden, die aber zur Beantwortung der Leitfrage beitragen müssen. Sie muss aus der Problemstellung abgeleitet werden und soll sich wie ein roter Faden durch die ganze Arbeit ziehen. Nicht ausreichend wären Aufzählungen von Fragestellungen zu einem Thema oder die Darstellung des Aufbaus der Arbeit.

Die Forschungsfrage soll das Thema der Arbeit präzisieren. Es ist daher ratsam, eine möglichst enge Fragestellung zu wählen, um diese in der notwendigen wissenschaftlichen Tiefe zu bearbeiten (Ebster & Stalzer, 2017, S. 38f.). Des Weiteren sollte die Forschungsfrage von (aktueller) Relevanz für das Verständnis der „realen Welt" sein, d. h., Themen ansprechen, die Auswirkungen auf das politische, soziale oder wirtschaftliche Umfeld von Menschen haben. Außerdem sollte sie einen spezifischen Beitrag zum Forschungsstand leisten. Dieser Erkenntnisgewinn sollte nicht nur für einen selbst bzw. ein bestimmtes Unternehmen gelten, sondern im Sinne eines realtheoretischen Wissenschaftsverständnisses für externe Zielgruppen erkennbar sein (Berger-Grabner, 2016, S. 60)

Mit der Forschungsfrage wird eindeutig präzisiert, was mit der wissenschaftlichen Arbeit eigentlich herausgefunden werden soll. Es wird eine Forschungslücke aufgezeigt, die mit der Arbeit geschlossen werden soll, oder ein Thema wird aus einer neuen Perspektive betrachtet. Der Forschungsfrage kommt eine große Bedeutung zu, weil sie sich als roter Faden durch die gesamte Arbeit ziehen soll und somit für das Gelingen der Arbeit ausschlaggebend ist.

Die Formulierung einer anspruchsvollen, wissenschaftlichen Fragestellung ist bei sehr allgemeinen Titeln der Arbeit nicht möglich, wie z. B.: „Motivation von Mitarbeitenden", „Moderne Führungsstile in Unternehmen", „Controlling für Nonprofit-Organisationen". Diese Themenbereiche sind so allgemein gefasst, dass sich keine anspruchsvolle Forschungsfrage formulieren lässt. Viel konkreter sind Fragestellungen wie: „Wie sind die traditionellen Gehaltsschemas der öffentlichen Betriebe vor dem Hintergrund der Generation Z zu beurteilen?", „Welche Maßnahmen können Unternehmen ergreifen, um die mentale Gesundheit ihrer Mitarbeitenden zu stärken?", „Welche Strategien setzen Führungskräfte, um die Motivation in virtuellen Teams zu fördern?" Es sollte sich also um eine konkrete Fragestellung handeln, mit der ein eigenständiges neues Ergebnis erreicht werden kann. Nienhüser und Magnus (1998, S. 4) unterscheiden in der nachfolgenden Tabelle 1 zwischen fünf Fragetypen wissenschaftlicher Fragestellungen.

Tabelle 1: Fragetypen wissenschaftlicher Fragestellungen (in Anlehnung an Nienhüser & Magnus, 1998, S. 4)

Fragetyp	Leitfrage	Beispiel
Beschreibung	Was ist der Fall? Wie sieht die Realität aus? (oder auch: Sieht die Realität wirklich so aus?)	Wie hat sich die Arbeitskräftemobilität in der EU seit 2001 verändert?
Erklärung	Warum ist etwas der Fall?	Warum hat sich die Arbeitskräftemobilität in der EU seit 2001 in bestimmter Art und Weise (nicht) verändert?
Prognose	Wie wird etwas künftig aussehen? Welche Veränderungen werden eintreten?	Wie wird sich die künftige Arbeitskräftemobilität in der EU verändern?
Gestaltung	Welche Maßnahmen sind geeignet, um ein bestimmtes Ziel zu erreichen?	Wie kann die Arbeitskräftemobilität in der EU gefördert werden?
Kritik/ Bewertung	Wie ist ein bestimmter Zustand vor dem Hintergrund explizit genannter Kriterien zu bewerten?	Wie sind die Maßnahmen der EU bezüglich der Arbeitskräftemobilität im Hinblick auf Chancengleichheit zu bewerten?

Aus den Fragestellungen können auch Ausgangshypothesen abgeleitet werden. Während die Forschungsfragen eventuell noch nicht sehr spezifisch formuliert sind, werden mit Hypothesen Zusammenhänge oder Unterschiede zwischen mindestens zwei Merkmalsausprägungen untersucht. Damit wird auch die Problemstellung eingegrenzt.

Beispiele für globale Leitfrage und Unterfragen:

1. **Leitfrage:**
   Wie lässt sich das Konzept des Controllers/der Controllerin als Business-Partner/in im Sinne eines Beraters für die Geschäftsleitung umsetzen?

   Unterfragen:
   - Welche Faktoren unterscheiden Business-Partner vom traditionellen Controllerbild?
   - Was wären mögliche Schritte, um Controller/innen zur „Business-Partnerin"/zum „Business-Partner" zu entwickeln?
   - Welche organisatorischen Gegebenheiten sind für die Umsetzung des Konzepts vorteilhaft?

2. **Leitfrage:**
   Welche Vor- und Nachteile werden durch den Einsatz eines Customer Relation Managements hinsichtlich der Zufriedenheit auf Mitarbeiter/innen- und Kund/innenebene erzielt?

   Unterfragen:
   - Inwieweit führt eine Zufriedenheit auf der Mitarbeiter/innen- und Kund/innenebene zu einer Erhöhung des Umsatzes bzw. des Gewinns?
   - Wie können Mitarbeiter/innen- und Kund/innenzufriedenheit gemessen werden?

3. **Leitfrage (bei einer Fallstudienanalyse):**
   Warum sind Unternehmen mit einer strategischen Planung erfolgreicher als Unternehmen ohne strategische Planung?

   Unterfrage:
   - Wie kann der Erfolg einer strategischen Planung ermittelt werden?
   - Welche Punkte sollte eine strategische Planung enthalten?

4. **Leitfrage:**
   Inwieweit kann durch Work-Life-Balance-Maßnahmen die Bindung der Mitarbeiter/innen an das Unternehmen verbessert werden?

Unterfragen:
- Was wird unter Work-Life-Balance verstanden?
- Was wird unter Mitarbeiter/innenbindung verstanden?
- Wie kann die Work-Life-Balance ermittelt werden?
- Wie kann die Bindung der Mitarbeiter/innen an das Unternehmen ermittelt werden?

5. **Leitfrage**:
    Wie können Kommunikations-Tools von einer Führungskraft in Übereinstimmung mit einem die personale Würde achtenden Leadership-Begriff eingesetzt werden?
    Unterfragen:
    - Welche Kommunikations-Tools stehen einer Führungskraft zur Verfügung?
    - Was wird unter einem die personale Würde achtenden Leadership-Begriff verstanden?

6. **Leitfrage**:
    Welche Maßnahmen sind erforderlich, um ein neues Dienstplanmodell in einem Dienstleistungsunternehmen einzuführen?
    Unterfragen:
    - Welche Dienstplanmodelle gibt es?
    - Welche Einwände gegen die Einführung eines neuen Dienstplanmodells könnten von den Mitarbeiter/innen kommen?

Zusammenfassend halten wir fest, dass bei der Formulierung der Forschungsfrage verschiedene Kriterien beachtet werden sollten. Die Forschungsfrage soll

- in einem Satz formuliert werden (keine Nebensätze),
- sich auf ein Problem beziehen,
- die zur Beantwortung erforderlichen Informationen aufzeigen,
- im vorgegebenen Zeitrahmen restlos mit den eigenen Fähigkeiten und Mitteln beantwortbar sein,
- als offene Frage mit einem Fragezeichen am Ende formuliert werden,
- nicht zu allgemein oder zu umfassend sein,
- aus keinen „Ja"- oder „Nein"-Antworten bestehen,
- nicht in sich widersprüchlich sein,
- nicht einfach durch Nachschlagen in einem Lexikon beantwortbar sein,

- in passende Unterfragen (maximal zwei) untergliedert werden können,
- ein Thema eingrenzen,
- bereits auf die geeignete Vorgehensweise bzw. Methodik hinweisen
- sollte im Schlussteil beantwortet werden,
- die Ableitung einer Arbeitshypothese (vorläufige, noch zu präzisierende Annahme) ermöglichen.

 Tipp:

- Notieren Sie sich die Forschungsfrage auf einem A4-Blatt und hängen Sie dieses über Ihren Arbeitsplatz.
- Kontrollieren Sie:
  - Sind alle Punkte (Titel, Ziel und Zweck der Arbeit, Methodik, Inhaltsverzeichnis) inhaltlich mit der Forschungsfrage abgestimmt?
  - Werden die wichtigsten Keywords durchgängig einheitlich verwendet?
  - Finden sich die wichtigsten Keywords im Titel, in der Forschungsfrage, im Ziel der Arbeit, im Inhaltsverzeichnis wieder?
- Kontrollieren Sie im weiteren Verlauf der Arbeit:
  - Dienen die Fragen im Interviewleitfaden, im Fragebogen der Beantwortung der Forschungsfrage?
  - Werden die Ergebnisse so präsentiert, dass die Beantwortung der Forschungsfrage klar ersichtlich ist?

4.4 Ziel und Zweck der Arbeit

Im **englischen** Sprachraum wird zwischen Ziel (objective) und Zweck/Absicht (aim, goal) einer Arbeit unterschieden.[1] Allgemein ausgedrückt:

- Der „Zweck" ist das „Was" der Forschungstätigkeit.
- Das „Ziel" ist das „Wie" der Forschungstätigkeit.

Abhängig von den jeweiligen Hochschulen/Universitäten wird im **deutschen** Sprachraum häufig nur das Ziel verlangt. Sie brauchen daher **keine Unterscheidung zwischen Ziel und Zweck** vorzunehmen, sollten die Ziele aber richtig formulieren. Um hier Klarheit zu schaffen und Hilfestellung zu bieten, wird nachfolgend der Unterschied erläutert und Beispiele angeführt.

Das **Ziel einer wissenschaftlichen Arbeit** ist die Bearbeitung einer bestimmten Problemstellung und die Beantwortung der Forschungsfrage. Das Ziel der Arbeit verdeutlicht, was Sie mit Ihrer Arbeit erreichen oder aufzeigen möchten. Welche Ergebnisse können erwartet werden? Das Ziel der Arbeit soll durch die Beantwortung der Forschungsfrage erreicht werden. Eine präzise Fragestellung verleiht der Arbeit ein klares inhaltliches Ziel. Die Beantwortung einer Forschungsfrage kann auf verschiedene Arten bzw. mit verschiedenen Methoden erfolgen. So führen z. B. Hienert et al. (2009, S. 99) folgende Ziele einer wissenschaftlichen Arbeit an:

- die Entwicklung eines Modells,
- einen Beitrag zum Verständnis leisten,
- den Vergleich von wissenschaftlichen Theorien und Positionen,
- die Ableitung von Handlungsempfehlungen,
- die Erstellung eines Leitfadens.

Gewöhnlich gibt es nicht ein, sondern mehrere Ziele. Sie verkörpern die spezifischen Arbeitsschritte, die notwendig sind, um den Zweck/die Absicht einer Arbeit zu erreichen. Ziele werden durch aktive Sätze zum Ausdruck gebracht und beginnen daher manchmal folgendermaßen: Um den Zweck zu erreichen, werde ich ... sammeln, aufbauen, produzieren, testen, versuchen, messen, dokumentieren, durchführen, analysieren.

---

[1] https://patthomson.net/2014/06/09/aims-and-objectives-whats-the-difference/ (28.12.2020); http://www.diffen.com/difference/Goal_vs_Objective (28.12.2020); zusammenfassende Übersetzung ins Deutsche von Albin Krczal

Ziele werden oft als eine formatierte Liste angeführt. (1), (2), (3). Damit werden die großen Meilensteine im Projekt sichtbar. Die Liste der Ziele bringt zum Ausdruck, was tatsächlich getan wird, um zum roten Faden der Arbeit zu kommen. Ziele müssen präzise formuliert werden. Vage Aussagen wie „ich werde daher erforschen oder untersuchen" sind nicht sehr hilfreich.

Da die Ziele auch Meilensteine in einem Projekt sind, sollten sie so formuliert werden, dass sie beendet werden können. So hat z. B. die Ablage von Materialien ein Ende, was dann zum nächsten Schritt (Ziel) führt. Selbst wenn Ziele gleichzeitig und nicht hintereinander ablaufen, ist es wichtig, dass das Ende jedes Arbeitsschrittes (Zieles) erkannt wird, und wie es dazu beiträgt, den Zweck zu erreichen.

Der „**Zweck**" drückt aus, was erhofft wird zu erreichen, nämlich die Gesamtabsicht bei einem Projekt. Es zeigt, was am Ende erreicht sein soll bzw. wofür gearbeitet wurde. Es ist der Grund der Forschungstätigkeit. Der Zweck ist daher allgemein und weit gefasst. Es ist ehrgeizig, übersteigt aber nicht das Mögliche. Oft genügt ein Zweck, jedoch können aber auch mehrere Subzwecke angeführt werden.

Der Zweck wird gewöhnlich mit einem infiniten Verb geschrieben, d. h., „zu" plus „eine Aktion". Zwecke beginnen daher gewöhnlich wie z. B.: Der Zweck dieser Arbeit ist, … aufzuzeigen, …, … zu entwickeln, … darzulegen, … zu gestalten, … zu theoretisieren, … aufzubauen. Manchmal ist es auch der Zweck, etwas zu untersuchen, zu verstehen oder zu erforschen. Reviewer/innen von Projekten wollen hingegen etwas zusammenfassen, auflisten, in Frage stellen oder kritisch hinterfragen.

„aims" könnten bedeuten: Aufgaben, Absichten, Zwecke, Anliegen, Bestreben, Programmatik, allgemeine Ziele.

„objectives" bedeuten oft einfach nur Ziele, Zielvorgaben, Zielsetzungen oder spezifische Ziele.

Bitte beachten Sie:

Bei der Zweck-Ziel-Frage gibt es vorhersehbare Probleme, die vermieden werden sollten:

- Es werden zu viele Ziele angeführt: Ein bis zwei (eventuell drei) genügen gewöhnlich.
- Es wird „geschwafelt", nicht zum Punkt gekommen und die Leserin/der Leser hat keine Ahnung, was beabsichtigt ist und getan wird.
- Zweck und Ziele sind nicht miteinander abgestimmt. Die einzelnen Schritte stimmen nicht mit der Gesamtabsicht überein.
- Es wird nicht zwischen Zweck und Zielen unterschieden: Es wird im Grunde genommen das Gleiche gesagt, nur mit unterschiedlichen Worten.
- Die Ziele werden als lange Liste angeführt und nicht als ein Satz von Arbeitsschritten im Forschungsprozess.
- Die Ziele sind nicht mit den Forschungsmethoden abgestimmt: Entweder können sie nicht erreicht werden oder die angestrebten Ergebnisse können mit den Methoden nicht erreicht werden.

Zweck und Ziele sollten nicht einfach schnell formuliert werden, denn sie generieren die Forschungsfragen und untermauern das Forschungsdesign. Zweck und Ziele sind daher ein entscheidender Punkt im frühen Stadium eines geplanten Forschungsvorhabens. Sie sind die Grundlage, auf der das gesamte Forschungsvorhaben aufgebaut wird. Ziele müssen daher klar und verständlich (eventuell nach der SMART-Methode[2]) formuliert werden.

Beispiele Zweck:
- Zweck dieser Arbeit ist, unsere Marketingkampagne erfolgreich zu gestalten.
- Zweck dieser wissenschaftlichen Arbeit ist, eine gute Arbeit auf diesem Fachgebiet zu schreiben.
- Zweck dieser Arbeit ist, kritisch die Abholung und Entsorgung großer Haushaltsgeräte zu bewerten, um die Faktoren aufzuzeigen, die Einfluss auf die Leistung und Effizienz haben.
- Zweck dieser Arbeit ist die Entwicklung effektiver Interviewtechniken.
- Zweck dieser Arbeit ist die Reduzierung der Arbeitslosigkeit unter jungen Menschen in Österreich.

---

2 SMART: **S**pecific (Spezifisch), **M**easurable (Messbar), **A**ccepted (Akzeptiert), **R**ealistic (Realistisch), **T**ime Bound (Terminiert).

- Zweck dieser Arbeit ist, das Vertrauen und die Fähigkeiten junger Menschen zu entwickeln.

Nützliche Wörter beim Schreiben von Zwecken:
- Aufmerksamkeit für … erwecken.
- Die Neugierde für … stärken.
- Fähigkeiten entwickeln, die für … notwendig sind.
- Die Teilnehmer/innen bei … zu unterstützen.
- Interesse für … zu entwickeln.
- Zur Selbstverpflichtung bei … ermutigen.
- Die Effizienz bei … zu verbessern.
- Die Fähigkeiten zur … zu fördern.

Beispiele Ziele (objectives):
- Ziel beim Verfassen der Abschlussarbeit ist, sie spätestens am Ende dieses Monats zur Beurteilung einzureichen.
- Ziel der Arbeit ist, die Abholung großer Haushaltsgeräte durch die Gemeinde kritisch zu bewerten, einschließlich der Arten und Größe der Geräte und der gegenwärtigen Entsorgungsrouten.
- Ziel der Arbeit ist, die Möbelerneuerungspläne auf nationaler Ebene zu klassifizieren und zu bewerten.
- Ziel der Arbeit ist, Empfehlungen auszuarbeiten, um die Effektivität der Abfallentsorgung zu verbessern und die Erneuerungsmöglichkeiten und Abholung von Großgeräten zu maximieren.

Nützliche Wörter beim Schreiben von Zielen:
analysieren, anwenden, auflisten, auswählen, begreifen, definieren, erkennen, evaluieren, integrieren, lösen, miteinander verbinden, schätzen, schreiben, unterscheiden, vergleichen, verstehen, vorbereiten, wiedergeben, würdigen, zum Ausdruck bringen, zusammenfassen.

Zusammenfassung Zweck und Ziele[3]
Die Begriffe Zweck und Ziele werden oft miteinander verwechselt. Beide Begriffe beschreiben etwas, das eine Person erreichen möchte, bedeuten aber etwas Anderes. Beide bedeuten erstrebenswerte Arbeitsergebnisse. Sie unterscheiden sich jedoch hinsichtlich des zeitlichen Rahmens, der zugeschriebe-

---

3 https://patthomson.net/2014/06/09/aims-and-objectives-whats-the-difference/ (28.12.2020); https://www.diffen.com/difference/Goal_vs_Objective (06.03.2021)

nen Eigenschaften und der Auswirkungen. Tabelle 2 zeigt einen Vergleich von Zweck und Ziel einer wissenschaftlichen Arbeit.

Tabelle 2: Vergleich von Zweck und Ziel (eigene Darstellung in Anlehnung an Nienhüser & Magnus, 1998, S. 4)

	Zweck	Ziel
Bedeutung	Ist auf ein Vorhaben ausgerichtet.	Was soll mit einer Aktion erreicht werden?
Beispiel	Ich möchte in einem spezifischen Forschungsbereich erfolgreich sein und etwas Einzigartiges tun.	Ich möchte diese Master-Thesis in einem spezifischen Forschungsbereich bis zum Ende dieses Monats fertigstellen.
Aktion	Allgemeine Aktion bzw. ein Ergebnis, das erreicht werden soll.	Spezifische Aktion – Das Ziel unterstützt die Erreichung des damit verbundenen Zwecks.
Messbarkeit	Weder konkret noch messbar.	Messbar und konkret.
Zeitlicher Rahmen	Langfristig.	Kurz- bis mittelfristig.

Definitionen
Beide Begriffe betreffen ein Ziel, das erreichet werden möchte. Der Zweck wird für die mit einer Anstrengung verbundene Zielerreichung allgemein angeführt. Ziele sind spezifisch im Rahmen des Zwecks. Ziele sind zeitbezogen, um eine gewisse Aufgabe zu erledigen.

Der **Zweck** wird definiert als

- die Absicht, auf die ein Vorhaben ausgerichtet ist.
- das Ergebnis, auf das eine Anstrengung ausgerichtet ist oder das angestrebt wird.

Das **Ziel** wird ähnlich definiert, soll aber klar, konkret und messbar sein.

Unterschied in der Absicht
Der Zweck wird allgemeiner als Ziele formuliert, weil er allgemeine Absichten zum Ausdruck bringt und nicht spezifisch genug ist, um messbar zu sein. Ziele sind spezifischer und werden für gewisse Aufgaben im Speziellen gesetzt.

Ausprägung
Während der Zweck allgemein ist, sind Ziele spezifisch ausgerichtet. Der Zweck drückt eine allgemeine Absicht aus, um etwas zu erreichen. Ziele drücken präzise Aktionen aus, um eine spezifische Aufgabe zu erledigen.

Greifbarkeit/Verständlichkeit
Der Zweck ist nicht greifbar, während Ziele jedoch greifbar sind. Der Zweck ist auf die Erreichung nicht messbarer Dinge ausgerichtet. Die Ziele sind hingegen auf die Erreichung messbarer Dinge oder Aufgaben ausgerichtet

Unterschiede im zeitlichen Rahmen
Beide Begriffe haben einen zeitlichen Rahmen. Der Zweck hat gewöhnlich einen längeren Zeitrahmen als Ziele. Ziele werden gewöhnlich präzise und kurzfristig formuliert. Der Zweck ist langfristig ausgerichtet, mehrere Ziele können aber innerhalb dieses Zwecks gesetzt werden.

Messbarkeit von Zweck und Zielen
Während der Zweck gewöhnlich nicht messbar ist, sind Ziele meistens messbar.

Beispiele:
„Ich möchte im Bereich der generischen Forschung erfolgreich sein und etwas tun, was vorher noch niemand getan hat." Das ist der Zweck.

„Ich möchte meine Arbeit über generische Forschung in diesem Monat fertigstellen." Das ist das Ziel.

✏ Übung 2: Forschungsfrage

In der ersten Übung haben Sie bereits aus einem Themenbereich eine Problemstellung und einen dazu passenden Titel erarbeitet.

In der zweiten Übung haben wir für Sie eine Aufgabe zur Forschungsfrage zusammengestellt. Formulieren Sie fünf Forschungsfragen zu Themenbereichen Ihrer Wahl. Orientieren Sie sich dabei an den bereits angeführten fünf Fragetypen wissenschaftlicher Fragestellungen.

4.5 Methodik und Vorgehensweise

Ganz allgemein wird unter Methodik die Gesamtheit der Techniken der wissenschaftlichen Vorgehensweisen verstanden. Unter Methode wird hingegen ein planmäßiges Vorgehen, wie z. B. Methoden der Datenerhebung (Befragung, Beobachtung etc.) und Methoden der Datenanalyse (Inhaltsanalyse, Diskursanalyse etc.) begriffen. Unter Methodologie wird die Theorie bzw. Lehre von den wissenschaftlichen Methoden aufgefasst. In der angloamerikanischen Literatur wird unter „Methodology" sowohl Methodik als auch Methode verstanden.

Im Exposé wird bei der Methodik erläutert, ob es sich um eine theoretische (Literaturarbeit) oder eine empirische Arbeit handelt. Die Methodik muss auf jeden Fall beschrieben und begründet werden, wobei auch auf entsprechende Literatur Bezug genommen werden sollte. Zunächst sollten mögliche methodische Vorgehensweisen diskutiert und kritisch gewürdigt werden. Anschließend ist je nach Forschungsfrage zu entscheiden, welche Methode für die Arbeit geeignet ist. Diese Entscheidung ist auch zu begründen. Dies umfasst auch eine Diskussion, warum die anderen möglichen Methoden für die Beantwortung der Forschungsfragen nicht so gut geeignet sind.

Das Fundament einer theoretischen Arbeit bildet eine strukturierte Literaturrecherche. Bei einer theoretischen Arbeit erfolgt die Beantwortung der Forschungsfrage durch eine Bearbeitung relevanter, wissenschaftlicher Literatur und eine Synthese, kritische Beurteilung oder Weiterentwicklung der darin enthaltenen Erkenntnisse. Eine empirische Arbeit kann mit einer Fragebogenerhebung, einer Fallstudie, mit Expert/inneninterviews, mit einer Beobachtung, mit einem Experiment oder mit einer Sekundärdatenauswertung erfolgen. Die Beantwortung der Forschungsfrage erfolgt in diesem Falle durch eine theoriegeleitete Erhebung, Analyse und Interpretation von erhobenen Daten.

Zur Erläuterung der methodischen Vorgangsweise im Rahmen der Literaturrecherche sind im Exposé Angaben zur Suchstrategie zu machen:

- Formulierung geeigneter Suchbegriffe für eine zielgerichtete Literaturrecherche,
- Definition von Kriterien zur Eingrenzung der Suche,
- Auswahl der Plattformen für die Suche (Online-Kataloge, Datenbanken etc.).

Näheres zur Literaturrecherche finden Sie in Kapitel 9.

Ist eine empirische Arbeit geplant, sind im Exposé ebenfalls Angaben zur Erläuterung der empirischen Erhebung zu machen:

- Formulierung der wissenschaftlichen Fragestellung bzw. der Hypothesen,
- Erläuterung der gewählten Forschungsmethode inkl. Diskussion und Begründung (Fragebogenerhebung, Interviews etc.),
- Beschreibung und Begründung der gewählten Stichprobe,
- Beschreibung des Erhebungsintrumentes,
- Beschreibung der Auswertungsmethode.

4.6 Aufbau der Arbeit und Inhaltsverzeichnis

Hier soll die vorläufige Gliederung der Arbeit dargelegt und der Inhalt der einzelnen Kapitel beschrieben werden. Dies sollte in Form einer kurzen Beschreibung der einzelnen Kapitel erfolgen, wobei die einzelnen Kapitel immer einen Bezug zur Forschungsfrage aufweisen müssen bzw. der Beantwortung der Forschungsfrage dienen müssen. Schon im vorläufigen Inhaltsverzeichnis müssen der Themenfokus, die Bezugstheorien sowie die Methodik (Literaturarbeit, quantitative Erhebung, qualitative Erhebung) klar ersichtlich sein. Nähere Hinweise zur Erstellung des Inhaltsverzeichnisses finden Sie in Kapitel 5.2.1.

4.7 Vorläufiges Literaturverzeichnis

Hier ist die Fachliteratur (Publikationen, Handbücher, Monografien, Habilitationsschriften und Artikel aus Fachzeitschriften) anzuführen, mit der Sie sich im Rahmen der Verfassung des Exposés bereits auseinandergesetzt haben. Beachten Sie, dass schon im Literaturverzeichnis des Exposés der Themenfokus erkennbar sein soll. Bei empirischen Arbeiten soll ebenfalls methodenspezifische Fachliteratur zitiert bzw. im Inhaltsverzeichnis angeführt werden.

4.8 Zeit- und Ressourcenplan

Für das Verfassen der wissenschaftlichen Arbeit ist je nach verfügbarer Zeit mit einer durchschnittlichen Bearbeitungsdauer von sechs bis zwölf Monaten zu rechnen. Dabei entfallen auf

- Literatur-/Materialsammlung — ca. vier Wochen
- Sichten des Materials und Erstellung einer Gliederung — ca. vier Wochen
- Schreiben der Erstfassung — ca. zwölf Wochen
- Überarbeitung zur abgabefähigen Endfassung — ca. vier Wochen

Ein Exposé sollte folgende Punkte enthalten:[4]

- Name des/der Studierenden
- Lehrgangs-/Studiengangsbezeichnung
- E-Mail
- Titel der Arbeit
- Problemstellung
- Forschungsfrage
- Ziel der Arbeit
- Methodik
- Aufbau der Arbeit
- Vorläufiges Inhaltsverzeichnis
- Bisher verwendete Literatur
- Zeit- und Ressourcenplan (optional)

Eine Vorlage für ein Exposé und Kriterien für die Beurteilung eines Exposés befinden sich im Anhang. Die nachfolgende Tabelle 3 zeigt beispielhaft den möglichen Aufbau einer empirisch ausgerichteten wissenschaftlichen Arbeit.

---

[4] Beachten Sie hierzu die Richtlinien Ihrer Bildungsinstitution.

Tabelle 3: Beispiel zum Aufbau einer wissenschaftlichen Arbeit
(Eigene Darstellung)

	Seite
Deckblatt/Titelblatt *(nach entsprechender Vorlage)*	
Eidesstattliche Erklärung *(nach entsprechender Vorlage)*	II
Eventuell Sperrvermerk *(nach entsprechender Vorlage)*	III
Vorwort oder Danksagung	IV
Abstract	V
Inhaltsverzeichnis	VI
Abbildungsverzeichnis	VII
Tabellenverzeichnis	VIII
Abkürzungsverzeichnis	IX
1 Einleitung	1
1.1 Heranführung zum Thema	
1.2 Problemstellung	
1.3 Ziele und Zweck der Arbeit	
1.4 Forschungsfragen	
1.5 Methodik und Aufbau der Arbeit	
2 Theoretischer Hintergrund	
3 Methodische Vorgehensweise und Untersuchungsdesign	
4 Ergebnisse	
5 Diskussion der Ergebnisse	
6 Zusammenfassung und Ausblick	
Literaturverzeichnis	z. B. 65
Anhang	66
Glossar	67

Tipp:

- Erkundigen Sie sich vor dem Schreiben nach den Vorgaben Ihrer Universität oder Ihres Institutes und folgen Sie den Anweisungen.
- Erstellen Sie Ihre Dokumentenvorlage und arbeiten Sie die einzelnen Punkte der Reihe nach ab. Am Anfang erscheint das Vorhaben noch übermächtig und groß. Mit dieser Methode können Sie kleine Schritte machen und Erfolge erkennen.

✎ Übung 3: Exposé

In der dritten Übung verfassen Sie bitte ein Exposé zu einem der angeführten Themenbereiche: Sie können dabei auf Ihre Ausarbeitungen bei den Übungen 1 und 2 zurückgreifen.

- Gehalt von Mitarbeitenden
- Mitarbeiter/innenzufriedenheit
- Führungsstile und Mitbestimmung der Mitarbeitenden
- Arbeitslosigkeit
- Innovationskultur in einer Organisation

Wissenstest 1

Anhand des folgenden Wissenstests können Sie nun zeigen, was Sie sich über den bisher behandelten Stoff gemerkt haben.

1. **Welche Aussagen über wissenschaftliche Arbeiten sind korrekt?**
   a. In einer wissenschaftlichen Arbeit soll eine Problemstellung selbstständig bearbeitet werden.
   b. Im Mittelpunkt einer wissenschaftlichen Arbeit steht der Erkenntnisfortschritt.
   c. Eine praxisorientierte wissenschaftliche Arbeit benötigt keine wissenschaftliche Grundlage.
   d. Die Erkenntnisse sollten mit ihren Nutzenaspekten verständlich formuliert werden.

2. **Worauf ist bei der Wahl des Themas zu achten?**
   a. Das Thema sollte ein besonderes Interesse für die Verfasserin/ den Verfasser haben.
   b. Das Thema kann weitläufig formuliert werden, sofern die besondere Bedeutung für den Verfasser oder die Organisation argumentiert wird.
   c. Die Bedeutung des Themas sollte in der Problemstellung erläutert werden.
   d. Das Thema sollte sich mit einer fachlichen Fragestellung des betreffenden Lehr- oder Studiengangs befassen.

3. **Worauf ist bei der Formulierung des Titels zu achten?**
   a. Der Titel der Arbeit wird aus der Forschungsfrage abgeleitet.
   b. Mithilfe eines Nebensatzes wird das Thema der Arbeit im Titel näher eingegrenzt.
   c. Der Titel der Arbeit ist bei empirischen Arbeiten ident mit der Forschungsfrage.
   d. Der Titel der Arbeit soll Neugier und Interesse bei der Leserin/beim Leser wecken.

4. **Welche Aussagen über das Exposé sind korrekt?**
   a. Ein Exposé umfasst eine inhaltliche und methodische Beschreibung der geplanten wissenschaftlichen Arbeit.
   b. Bei der Beschreibung des Problems sollte auch der gegenwärtige Kenntnisstand angeführt werden.

c. Ein Exposé ist eine Zusammenfassung der gesamten Arbeit in einer sehr kompakten Form.
d. Bei der Beschreibung des Problems sollte vor allem auf Zukunftsaspekte eingegangen werden.

5. **Worauf ist bei der Formulierung der Forschungsfrage zu achten?**
a. Eine Forschungsfrage soll am Ende der Arbeit mit ja oder nein beantwortet werden können.
b. Eine Forschungsfrage bezieht sich auf eine Forschungslücke.
c. Eine Forschungsfrage sollte in einer einzigen Frage formuliert werden.
d. Es dürfen maximal drei Unterfragen formuliert werden, um das Thema näher einzugrenzen.

6. **Ordnen Sie die folgende Forschungsfrage dem korrekten Fragetyp zu: Wie können Bio-Landwirte durch den Einsatz von Social Media einen Kundenstock für den Direktvertrieb aufbauen und langfristig binden?**
a. Erklärung
b. Prognose
c. Gestaltung
d. Beurteilung

7. **Auf welchen Fragetyp verweist der folgende Titel? Eine kritische Betrachtung der internen Kommunikation von Veränderungsprozessen unter neurowissenschaftlichen Gesichtspunkten am Beispiel eines multinationalen Industrieunternehmens**
a. Beschreibung
b. Erklärung
c. Gestaltung
d. Beurteilung

8. **Worin kann das Ziel einer wissenschaftlichen Arbeit liegen?**
a. Erforschung des definierten Untersuchungsgegenstandes.
b. Überzeugung der Unternehmensleitung von einer bestimmten Geschäftsstrategie.
c. Vergleich von wissenschaftlichen Positionen und Theorien.
d. Ableitung von Handlungsempfehlungen.

5 Bestandteile und Gliederung einer wissenschaftlichen Arbeit

Sobald das Exposé von der Lehrgangsleitung/Studiengangsleitung oder von der verantwortlichen Person freigegeben worden ist, kann mit dem Verfassen der Arbeit begonnen werden. Alle schriftlichen Arbeiten (Hausarbeiten, Projektarbeiten, Bachelorarbeiten, Masterarbeiten, Dissertationen) sollen nach wissenschaftlichen Kriterien erstellt werden und haben daher im Wesentlichen den in Tabelle 4 angeführten Aufbau aufzuweisen. Hausarbeiten müssen ebenfalls die Teile der Titelei enthalten. Auch Verzeichnisse müssen angeführt werden. Ein Inhalts- und Literaturverzeichnis muss immer angeführt werden. Vorlagen für eine Hausarbeit und die drei Arten wissenschaftlicher Arbeiten können vom angegebenen Link heruntergeladen werden.

Bitte beachten Sie:

- Bei Aussagen ist eine klare und sachliche Ausdrucksweise zu verwenden, damit es bei der Leser/innenschaft zu keinen Fehlinterpretationen kommen kann. Die Sätze sollten so kurz wie möglich gehalten werden.
- Vermeiden Sie eine kommentarlose Wiedergabe von Meinungen oder Positionen.
- Achten Sie auf eine sachliche Argumentation, belegen Sie Ihre Argumente mit Daten, Fakten oder nachvollziehbaren Begründungen (z. B.: die Begründung dafür ist, dieser Sachverhalt wird belegt durch, daraus lässt sich ableiten, die dargelegten Ergebnisse zeigen, außerdem ist, deshalb kann, darum ist, ebenso ist, davon ausgehend, des Weiteren, daran anknüpfend, dem ist entgegenzuhalten, dieser Auffassung kann widersprochen werden).
- Vermeiden Sie diffuse Aussagen (z. B.: gewissermaßen, vermutlich, enorm, relativ, besser als, wohl, fast, kaum, immer, nie, alle, wenig).
- Unterlassen Sie Andeutungen und Übertreibungen (z. B.: die Fakten liegen auf der Hand, es ist hinreichend bekannt, dass).
- Versuchen Sie Überleitungen zwischen den Kapiteln herzustellen (z. B.: dieses Kapitel analysiert, beschreibt, zeigt auf, im Folgenden wird, zusammenfassend lässt sich sagen).

- Vermeiden Sie umgangssprachliche Formulierungen (z. B.: kurz und gut, überaus, erschreckend, fürchtlich, unglaublich, immer wieder, cool, einzig und allein, ausgerechnet, die geschätzte Leserin/der geschätzte Leser, Prof. XY hat gesagt, kaum was bringen, wenn dann die Kasse klingelt, wie ja jeder weiß), da sie in wissenschaftlichen Arbeiten als populärwissenschaftlich angesehen werden.
- In wissenschaftlichen Arbeiten werden Titel wie Prof., Mag. Dr. etc. weggelassen.
- Die Bearbeitung des Themas erfolgt grundsätzlich als Einzelautor/in oder in Ausnahmefällen in einer Gruppe von maximal zwei Studierenden (z. B. bei umfangreichen empirischen Fragestellungen), wenn es die Hochschule/Universität erlaubt.
- Bei Gruppenarbeiten von zwei Studierenden verdoppelt sich der Umfang der jeweiligen Arbeit. Hier sind die Vorgaben der jeweiligen Hochschule/Universität einzuhalten.
- Bei Gruppenarbeiten muss jeweils ein gleichgewichtiger Teil eindeutig den jeweiligen Autor/innen zuzurechnen sein. In der Arbeit muss aufgelistet sein, welche/r Autor/in welche (Teil-)Kapitel bearbeitet hat.
- Der Textteil einer wissenschaftlichen Arbeit gliedert sich in die nachfolgend angeführten drei Teile.

5.1 Titelei

Der Sammelbegriff Titelei bezeichnet die ersten Seiten einer Arbeit, die dem eigentlichen Text vorausgehen. Dazu gehören das Deckblatt bzw. das Titelblatt, eventuell ein Sperrvermerk, ein Vorwort und eine Danksagung, gegebenenfalls ein Executive Summary und das Abstract. Die Teile der Titelei werden nicht nummeriert. Die Seitennummerierung erfolgt bis zum Abstract mit römischen Ziffern, wobei das Deckblatt nicht nummeriert, aber mitgezählt wird.

5.1.1 Deckblatt und Titelblatt

Auf dem Deckblatt der Fachhochschule/Universität (Vorlage muss zwingend verwendet werden) befindet sich auch die Erklärung über die selbstständige Erstellung der Arbeit, welche von dem/der Autor/in zu unterschreiben ist.

Ein mögliches Deckblatt einer wissenschaftlichen Arbeit findet sich in den Vorlagen.

5.1.2 Titel der Arbeit

Hinweise zur Formulierung des Titels der Arbeit finden Sie in Kapitel 4.1.

5.1.3 Sperrvermerk

Falls die Arbeit firmeninterne oder vertrauliche Daten enthält, kann der/die Verfasser/in die Arbeit für eine gesetzlich vorgeschriebene Dauer sperren lassen. Zu diesem Zweck ist ein Antrag mit einer entsprechenden Begründung an die Studiendirektion zu stellen. Eine Verlängerung der Sperre ist einmalig und nur in besonders begründeten Fällen möglich. Der von der Studiendirektion genehmigte Sperrvermerk ist in die wissenschaftliche Arbeit gleich nach dem Deckblatt einzubinden. Für die Sperre der Arbeit ist die Vorlage der betreffenden Hochschule/Universität zu verwenden.

5.1.4 Vorwort und Danksagung

Fakultativ kann in einem Vorwort angeführt werden, warum eine bestimmte Themenstellung oder Fragestellung gewählt wurde, warum das Thema von Interesse ist oder was an dem Thema so faszinierend ist. In einer Danksagung können jene Personen oder Organisationen angeführt werden, die beim Verfassen der Arbeit unterstützend mitgewirkt haben. Vorwort und Danksagung sollten nicht zu umfangreich ausfallen.

5.1.5 Executive Summary

Das Executive Summary ist die Kurzbeschreibung einer Geschäftsidee, die einem Geschäftsplan vorangestellt wird. Es bedeutet ursprünglich „Zusammenfassung für die Geschäftsleitung" und dient daher mehr geschäftlichen Zwecken. Es ist nicht als identisch mit einem Abstract anzusehen, das der Leser/innenschaft eine Übersicht oder Orientierung liefern soll und somit andere Punkte enthält. Das Executive Summary umfasst zwei bis vier Seiten und verfolgt andere Ziele als das Abstract. Es sollte nach Fertigstellung der Arbeit sachlich geschrieben werden, damit ein Interesse für die Geschäftsidee ausgelöst wird. Daher wird es vor allem für die Zusammenfassung aller Bestandteile eines Business Plans verwendet. Wenn z. B. ein/e Existenzgründer/in seinen/ihren Business-Plan einer Bank oder einem/einer Kreditgeber/in vorlegt, so würde zuerst das Executive Summary überreicht werden. Dieses dient als Entscheidungsgrundlage, ob der vorgelegte Business-Plan überhaupt weiter in Betracht gezogen wird. Ein Executive Summary für z. B. einen Business-Plan sollte folgende Punkte enthalten:[5]

- Produkt oder Dienstleistung: Welche Produkte und Dienstleistungen sollen angeboten werden? Wer sind die Kunden? Wo liegt der Kundennutzen?
- Markt: Warum ist der Markt attraktiv? Welche wichtigen Eigenschaften weist die Branche auf?
- Ziele und Strategie: Welche Ziele möchten Sie kurz- bis mittelfristig erreichen? Welche Marketinginstrumente wollen Sie dabei einsetzen?
- Finanzen: Zeigen Sie im Finanzplan die finanzielle Entwicklung der nächsten drei Jahre auf und führen Sie die wichtigsten Kennzahlen an und wie hoch der Kapitalbedarf für Ihre Existenzgründung ist.
- Management: Führen Sie das Gründerteam an. Heben Sie insbesondere die fachspezifischen, kaufmännischen und operativen Fähigkeiten und Erfahrungen Ihres Gründerteams an.

Aus dieser Darstellung wird schon ersichtlich, dass mit einem Executive Summary andere Ziele verfolgt werden als mit einem Abstract. Im akademischen Bereich sind daher auch Abstracts üblich, Executive Summarys hingegen nur in besonderen Fällen, wie z. B. auch in der postgradualen Weiterbildung. Hier stellt sich die Situation anders als im ordentlichen Studium an Hochschulen/Universitäten dar. Studierende in Weiterbildungslehrgängen wählen für ihre Master-Thesis oft Themenbereiche, die für das eigene Unternehmen von Interesse sind. Ein Executive Summary informiert dann die Geschäftsleitung über die Ergebnisse der Master-Thesis bzw. den Nutzen für das Unternehmen, das vielleicht auch die Weiterbildung finanziert hat. In solchen Fällen sollten die Studierenden ein Executive Summary, also eine Zusammenfassung, zur Information der Geschäftsleitung schreiben.

5.1.6 Abstract

Das Abstract wird vor die Einleitung gesetzt. Es soll einen Überblick über die Arbeit liefern und die wichtigsten Ergebnisse und Erkenntnisse enthalten. Das Abstract wird in einem Absatz geschrieben und umfasst je nach Richtlinien der Institution ca. 150 bis 250 Wörter ohne Bilder, Abkürzungen und Literaturzitate. Es ist der am meisten gelesene Teil einer Arbeit. Die Leser/

---

5 https://www.fuer-gruender.de/wissen/existenzgruendung-planen/executive-summary/ (06.03.2021)

innenschaft soll mit dem Abstract die wichtigsten Informationen zur Arbeit (wissenschaftliche Fragestellung, Ziel der Arbeit, angewandte Methode, Ergebnisse und Erkenntnisse) erhalten, um so gleich zu wissen, ob die Arbeit für sie von Interesse ist. Das Abstract soll kurz, prägnant, objektiv ohne persönliche Wertung und leicht verständlich verfasst sein. Auch Leser/innen, welche mit dem Thema der Arbeit nicht vertraut sind, sollen die Hauptargumente und Erkenntnisse der Arbeit verstehen können. Da es erst nach Fertigstellung der Arbeit verfasst wird, darf es auch nicht in der Zukunftsform geschrieben werden. Es ist vielmehr in der Gegenwartsform (die Erkenntnisse in der Vergangenheitsform) zu schreiben, wie z. B.: „Mit eben diesen Punkten beschäftigt sich …", „Die Studie hat zu folgenden Ergebnissen geführt: …" Bei den **Keywords** sollten ca. fünf Schlüsselwörter angeführt werden.

Das Abstract sollte folgende Fragen beantworten:

- Welches Problem soll bearbeitet werden?
- Wie lautet die Forschungsfrage?
- Wie lautet die Zielsetzung der Arbeit?
- Welche Methoden und Daten wurden verwendet? Handelt es sich um eine empirische Arbeit oder um eine Literaturrecherche?
- Wurden Hypothesen aufgestellt?
- Was sind die Ergebnisse und die Erkenntnisse der Arbeit?
- Mit welchen Keywords kann die Arbeit leicht gefunden werden?

5.1.7 Abbildungsverzeichnis

Das Abbildungsverzeichnis steht, abhängig von den Vorgaben der Hochschule/Universität, entweder vor dem Inhaltsverzeichnis oder nach dem Literaturverzeichnis. Im Abbildungsverzeichnis sind die Abbildungsbezeichnung und die Quelle anzuführen. Am rechten Seitenrand erfolgt die Seitenangabe. Die Abbildungsbezeichnung wird unterhalb der Abbildung angebracht. Die Quelle ist in Klammer anzuführen (wie im Fließtext). Studierende fragen sich oft, wo und wie ein Abbildungsverzeichnis zu erstellen ist und wo und wie die Kennzeichnung erfolgen soll.

Die Vorgehensweise ist von dem jeweiligen Betriebssystem abhängig (z. B. Microsoft oder Apple). Bevor Sie ein Abbildungsverzeichnis erstellen, müssen Sie Beschriftungen zu allen Abbildungen hinzufügen, die in Ihrem Abbildungsverzeichnis enthalten sein sollen. Eine Anleitung zum automatischen Erstellen eines Abbildungsverzeichnisses findet sich im Anhang.

Klicken Sie in Ihrem **Word-Dokument** auf „Verweise" und dann auf „Beschriftung einfügen". Dann erscheint ein Feld, in dem Sie die Bezeichnung mittels Auswahl des Pfeiles in „Abbildung, Tabelle oder Formel" ändern können.

Alternativ können Sie die Grafik anklicken, die rechte Maustaste drücken und dann „Beschriftung auswählen" einfügen. Im Feld „Beschriftung" müssen Sie Ihre Abbildung noch genauer benennen, z. B.: „Abbildung 1: Einfügen von Grafiken". Anschließend klicken Sie auf „OK". Die Nummerierung der Abbildungen erfolgt automatisch. Diese Schritte sind die Voraussetzung, damit das Word-Programm ein automatisiertes Verzeichnis erstellen kann.

Zur Erstellung des Abbildungsverzeichnisses klicken Sie in Ihrem Word-Dokument auf „Verweise" und dann auf „Abbildungsverzeichnis einfügen".

Word durchsucht infolge das Dokument nach Beschriftungen und fügt automatisch die korrekte Reihenfolge hinzu, selbst wenn Sie zwischendurch in anderen Kapiteln Grafiken einfügen.

5.1.8 Tabellenverzeichnis

Das Tabellenverzeichnis steht abhängig von den Vorgaben der Hochschule/Universität entweder vor dem Inhaltsverzeichnis oder nach dem Literaturverzeichnis. Im Tabellenverzeichnis sind die Tabellenbezeichnung und die Quelle anzuführen (wie im Fließtext). Am rechten Seitenrand erfolgt die Seitenangabe. Die Tabellenbezeichnung ist im Gegensatz zum Abbildungsverzeichnis oberhalb der Tabelle anzubringen. Die Quelle ist in Klammer anzuführen. Eine Anleitung zum automatischen Erstellen eines Tabellenverzeichnisses findet sich im Anhang.

5.1.9 Abkürzungsverzeichnis

Vielfach verwendete Begriffe können in einer wissenschaftlichen Arbeit abgekürzt werden. Die Abkürzungen sind auf den Leserkreis abzustimmen und dürfen den Fluss der Arbeit nicht stören. Meistens handelt es sich um fach- oder unternehmensspezifische Abkürzungen, die in einem Abkürzungsverzeichnis in alphabetischer Reihenfolge angeführt werden. Allgemein bekannte Abkürzungen („z. B.", „usw.", „etc.") sollen nicht im Abkürzungsverzeichnis aufgelistet werden. Das Abkürzungsverzeichnis wird, abhängig von den Vorgaben der Hochschule/Universität, zumeist nach dem Abbildungs- und Tabellenverzeichnis eingefügt. Alle Seiten werden dabei nummeriert. Für das Abkürzungsverzeichnis können zwei Spalten eingefügt werden. In die linke Spalte wird die Abkürzung geschrieben, in die rechten Spalte die ausgeschriebene Bedeutung. Die Einträge werden dabei alphabetisch sortiert. Je nach Vorgabe der Hochschule/Universität werden die Verzeichnisse evtl. mit römischen Ziffern nummeriert und die Textseiten mit arabischen oder römischen Ziffern versehen.

5.2 Textteil

Der Textteil einer wissenschaftlichen Arbeit unterteilt sich in Einleitung, Hauptteil und Schlussteil. Die Kapitel des Textteiles werden von der Einleitung bis zum Schlussteil nach dem Dezimalsystem nummeriert. Die Seitennummerierung erfolgt mit arabischen Ziffern vom Inhaltsverzeichnis fortlaufend bis zum Ende der Arbeit (je nach Hochschule/Universität).

5.2.1 Inhaltsverzeichnis und Gliederung

Neben dem Abstract liefert das Inhaltsverzeichnis mit der Gliederung der Arbeit der Leser/innenschaft einen Überblick über die Arbeit. Die Gliederung des Inhaltsverzeichnisses muss normgerecht nach dem Dezimalsystem erfolgen. Die Kapitelnummerierung erfolgt mit arabischen Ziffern, beginnt mit der Einleitung und endet mit der Zusammenfassung und dem Ausblick. Hinter der letzten Ziffer steht kein Punkt, also z. B. 2.1, 2.1.1, 2.1.2 usw. Mehr als vier Unterteilungen (also kein 2.5.2.1.2) sind nicht erwünscht, da eine zu tiefe Untergliederung die Lesbarkeit beeinträchtigen könnte. Die Gliederung kann auch nach der Norm DIN 5008 erfolgen.

Die **Überschriften der einzelnen Kapitel** sollten kurz und aussagekräftig sein und nicht mit einem Doppelpunkt beendet werden. Sie sollen so bezeichnet werden, dass sie einen kurzen inhaltlichen Einblick liefern. Die Kapitel sollten nicht als „Hauptteil", „Erstes Kapitel" oder „Schlussteil" benannt werden, weil diese Bezeichnungen nichts aussagen. Nur die Einleitung kann so bezeichnet werden.

Die Überschriften der **Unterkapitel** sollten keine wortgenauen Wiederholungen des Hauptkapitels sein. Die Untergliederung eines Hauptkapitels sollte nach **einem** bestimmten Kriterium erfolgen.

Bitte beachten Sie:

- Alle Kapitel und Unterkapitel werden inklusive Seitenangaben im Inhaltsverzeichnis dargestellt.
- Das Inhaltsverzeichnis enthält maximal sechs bis acht Hauptkapitel.
- Das Inhaltsverzeichnis enthält maximal vier Gliederungsebenen.
- Auf jeder Gliederungsebene befinden sich maximal sechs bis acht Überschriften.
- Bei einer Untergliederung muss es immer mindestens zwei Unterpunkte geben. Ein Unterkapitel 2.1 allein (d.h. ohne einen Punkt 2.2) gibt es somit nicht. Dies wäre einfach ein neuer Absatz.
- Das Inhaltsverzeichnis enthält die Seitenangaben der entsprechenden Kapitel und Unterkapitel.
- Die Kapitelnummerierung beginnt, je nach Vorgaben der jeweiligen Universität, zumeist mit „1. Einleitung" und endet z.B. mit „7. Zusammenfassung und Ausblick".
- Die Seiten der Titelei (Vorwort oder Danksagung, Verzeichnisse, Inhaltsverzeichnis, Abstract, evtl. Executive Summary) werden mit (kleinen) römischen Ziffern nummeriert, ab der Einleitung bis zum letzten Kapitel mit arabischen Ziffern, dann evtl. weiter mit (kleinen) römischen Ziffern.
- Das Deckblatt enthält keine Seitenangabe, wird aber mitgezählt. Nach der Norm DIN 5008 steht hinter der jeweils letzten Gliederungsziffer kein Punkt, und zwar auch dann, wenn es nur eine Gliederungsziffer gibt. Die Hauptabschnitte werden daher mit einer Ziffer ohne Punkt nummeriert, also 1, kein Punkt, Einleitung, 2 kein Punkt, 3 Theoretischer Hintergrund usw. Das Inhaltsverzeichnis sollte automatisch erstellt bzw. vor der Abgabe der Arbeit noch einmal aktualisiert werden.

Abbildung 2 verweist auf typische Fehler bei der Gliederung einer wissenschaftlichen Arbeit.

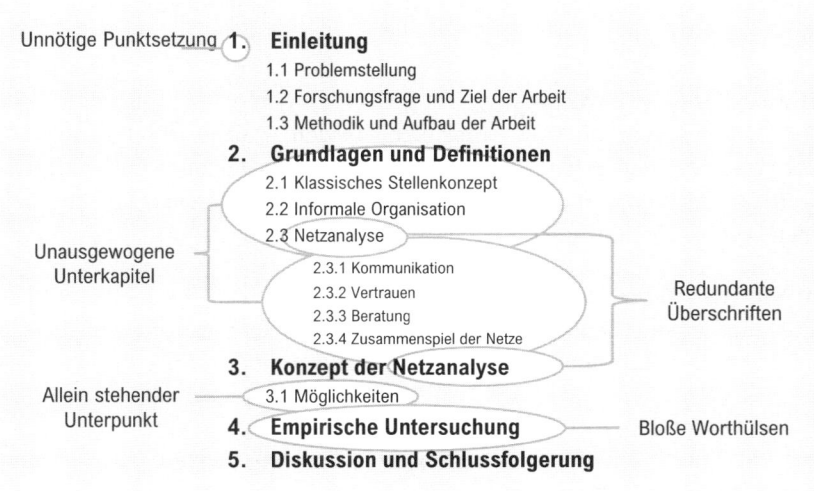

Abbildung 2: Typische Fehler bei der Gliederung der Arbeit
(in Anlehnung an Müller-Seitz & Braun, 2013, S. 121)

5.2.2 Einleitung

Der erste Gliederungspunkt einer Arbeit ist immer die Einleitung. Sie muss unabhängig vom Abstract geschrieben werden und sollte nicht länger als fünf bis zehn Prozent des Textes ausmachen. Im Allgemeinen liefert die Einleitung grundlegende Informationen darüber, welches Thema bearbeitet werden soll und welches Problem wie gelöst werden soll bzw. welche Fragestellung mit welcher Methode beantwortet werden soll.

Im Gegensatz zum Abstract liefert die Einleitung einen detaillierteren Überblick und enthält auch den Aufbau der Arbeit mit dem Inhalt der einzelnen Kapitel, nicht aber die Ergebnisse der Arbeit. In der Einleitung darf kein Bezug zum Abstract hergestellt werden, wie z. B: „Wie bereits im Abstract dargelegt, …".

Die Einleitung enthält die gleichen Punkte wie das Exposé, sie werden aber ausführlicher und detaillierter dargelegt. Studierende führen oftmals in der Einleitung nur die Problemstellung an, weil sie der Meinung sind, dass die anderen Punkte bereits im Exposé angeführt worden sind. Dies ist genauso wenig zulässig wie ein Bezug auf das Abstract.

Ausführlicher als im Exposé sollte in der Einleitung auf folgende Punkte eingegangen werden:

Hintergrund des Projektes
Die Leser/innenschaft sollte informiert werden, welche Überlegungen Sie zur Wahl des Themenbereichs bewogen haben. Es sollte auch kurz dargelegt werden, welchen Wert die Bearbeitung dieses Themenbereichs für Unternehmen und für Sie persönlich hat.

Aufbau (Struktur) der Arbeit
Die Leser/innenschaft soll über den Inhalt der einzelnen Kapitel von der Einleitung bis zur Zusammenfassung informiert werden.

Einschränkungen
Bei den Einschränkungen sollte angeführt werden, welche „Limitationen" Ihre Forschung einschränken.

Die folgende Liste enthält Standardsätze zur Eingrenzung der Arbeit:[6]

- Diese Arbeit behandelt XY nicht …
- Es würde den Rahmen dieser Arbeit sprengen, …
- Es ist nicht das Ziel dieser Arbeit …
- Die Leser/innen sollten beachten, dass diese Arbeit auf… basiert.
- In dieser Arbeit kann nicht auf alle … eingegangen werden.
- … zu untersuchen, würde den Rahmen der vorliegenden Arbeit überschreiten.
- Es ist zu beachten, dass diese Arbeit auf … basiert.
- Problematisch ist, dass der Rahmen der Arbeit zu weit gefasst sein könnte.
- Aus Praktikabilitätsgründen kann in dieser Arbeit keine umfassende Übersicht über … gegeben werden.

Englische Sätze finden sich in der Manchester Phrasebank[7] der University of Manchester. Unterschiedliche Unternehmen bieten auch webbasierte Plattformen, die bei einer Umformulierung unterstützten, wie etwa REF-N-WRITE.[8]

---

6 https://www.scribbr.de/akademisches-schreiben/standardsaetze-eingrenzung-der-arbeit/ (28.12.2020)
7 http://www.phrasebank.manchester.ac.uk/ (28.12.2020)
8 https://www.ref-n-write.com/trial/academic-phrasebank/ (28.12.2020)

Grundannahmen

Grundannahmen[9] sind Gegebenheiten, von denen angenommen wird, dass sie wahr sind, die also als gegeben hingenommen werden können. Während Grundannahmen eine Oberkategorie darstellen, sind Thesen und Hypothesen deren Unterformen. Ist die Grundannahme richtig, können darauf Theorien aufgebaut und wichtige Schlussfolgerungen daraus gezogen werden. Stellt sich jedoch die Grundannahme als falsch heraus, dann fällt das ganze Gedankengebäude zusammen wie ein Kartenhaus.[10]

Die Einleitung sollte somit folgende Informationen liefern:

1. Problemstellung: Welches Problem soll bearbeitet werden? Warum lohnt es sich, das vorliegende Problem zu diskutieren?
2. Wo liegt die Herausforderung? Was ist neu? Welche praktische Relevanz hat das Thema? Für wen (z. B. Unternehmen, Personalmanager, Führungskräfte etc.) ist das Thema relevant und warum?
3. Forschungsfrage: Wie lautet die Forschungsfrage, das Ziel und evtl. der Zweck der Arbeit?
4. Methodik: Wie soll das Problem gelöst bzw. die Forschungsfrage beantwortet werden? Welche Methode wird verwendet? Aufbereitung vorhandener Literatur oder empirische Arbeit in Form von …?
5. Aufbau der Arbeit: Was wird in den einzelnen Kapiteln behandelt?
6. Einschränkungen und Grundannahmen.

Bitte beachten Sie:

Die Angaben in der Einleitung dürfen nicht von den bewilligten Angaben im Exposé abweichen. Eine nachträgliche Änderung der Problemstellung, der Forschungsfrage, des Titels der Arbeit oder der Methodik muss mit dem/der Betreuer/in bzw. dem/der Begutachter/in besprochen werden.

5.2.3 Hauptteil und Gliederung des Hauptteiles

Im Hauptteil werden die Problemstellung und die Forschungsfrage bearbeitet, wissenschaftlich gegensätzliche Standpunkte dargelegt und kritisch diskutiert. Falls die Arbeit eine empirische Studie enthält, besteht der Hauptteil

---

9 http://www.fb03.uni-frankfurt.de/46036826/thesen_hypothesen_annahmen.pdf (28.12.2020)
10 http://gradido-de.blogspot.co.at/2012/12/kapitel-14-die-grundannahme-der.html (28.12.2020)

aus einem Theorie- und einem Empirieteil. Welche Inhalte behandelt werden, hängt vor allem von der Forschungsfrage ab. Daher sollte immer die Frage gestellt werden: Trägt dieser Inhalt etwas zur Beantwortung der Forschungsfrage bei? Weiters wird das Vorgehen beschrieben, die Ergebnisse bzw. Erkenntnisse werden dargestellt und interpretiert und mit der Fachliteratur verglichen. Dabei ist auch ein eigener Standpunkt zu vertreten. Abbildung 3 zeigt die Gliederung einer Mater-Thesis.

Abbildung 3: Beispielhafte Gliederung einer Abschlussarbeit
(eigene Darstellung)

Der Hauptteil der Arbeit gliedert sich in mehrere Kapitel und Unterkapitel. Jedes Kapitel des Hauptteils sollte mit einer kurzen Einleitung über den Inhalt des Kapitels begonnen werden, wie z. B. „Dieses Kapitel beschäftigt sich mit ... usw.", und mit einer kurzen Zusammenfassung der wesentlichen Inhalte beendet werden.

Auf folgende Punkte sollte bei der Einleitung, beim Inhalt und beim Abschluss eines Kapitels eingegangen werden:

(1) Leitfragen für die Einleitung eines Kapitels:
- Worum geht es in diesem Kapitel?
- Welcher Zusammenhang besteht zur wissenschaftlichen Fragestellung?
- Wofür ist die Darstellung dieses Kapitels wichtig?
- Wie gehe ich dabei vor?

(2) **Inhalt eines Kapitels:**
- Darstellung, Gegenüberstellung und Interpretation fremder Gedanken.
- Einarbeitung von Literatur mittels Zitierens und Quellenangaben. Dabei sind die Zitierregeln zu beachten.
- Aufdecken und Diskutieren eventueller Widersprüche, d. h., es geht hier um eine kritische Betrachtung.

(3) **Abschluss eines Kapitels:**
- Konnten die anfangs aufgeworfenen Fragen beantwortet werden?
- Welche Bedeutung haben die Ergebnisse dieses Kapitels in Bezug zur wissenschaftlichen Fragestellung?
- Welche Fragen sind oder bleiben offen?
- Was wird im nächsten Kapitel bearbeitet? Ein Übergang ist herzustellen.

5.2.3.1 Theoretischer Hintergrund

Im theoretischen Teil sollen die Beantwortung der Forschungsfrage vorbereitet sowie wissenschaftliche Standpunkte dargelegt und **kritisch** diskutiert werden.

Zuerst werden ähnliche in der Literatur bereits behandelte Problembereiche bzw. der gegenwärtige Stand der Forschung, der Ist-Zustand, die gesetzlichen Grundlagen oder die Rahmenbedingungen beschrieben. Die erhaltenen Informationen werden rein sachlich ohne Bewertung und Interpretation dargelegt. Welche bisher geleisteten Arbeiten und Theorien können in die Arbeit eingehen? Die Leser/innenschaft wird beispielsweise über bisherige Lösungen von Teilen des Problems bzw. über den aktuellen Erkenntnisstand in Bezug auf die Fragestellung aus den Ergebnissen bestehender Forschungsarbeiten informiert. Darüber hinaus ist zu erörtern, welche theoretische Relevanz die geplante Arbeit hat. Sie ist in den Kontext facheinschlägiger Publikationen und dem aktuellen Wissensstand zu stellen. Außerdem ist zu belegen, inwieweit die Arbeit einen Beitrag zum wissenschaftlichen Diskurs leistet.[11]

In einer wissenschaftlichen Arbeit genügt es nicht, ähnliche Arbeiten nur zusammenzufassen. Es sollten vielmehr darin enthaltene Lösungsansätze,

---

11 http://www.uibk.ac.at/iwi/teaching/theses/leitfadendisposition.pdf (28.12.2020)

Erkenntnisse und Positionen betrachtet werden, die wichtig für die eigene Arbeit sind. Bisherige Arbeiten sollen in Bezug auf die eigene Arbeit und die eigene Fragestellung diskutiert werden. Vermeiden Sie eine kommentarlose Aneinanderreihung verschiedener Literaturquellen. In einem Diskurs mit ähnlichen Arbeiten, stellen Sie als Autor oder Autorin unter Beweis, dass Sie mit der Materie vertraut sind, über die Unterschiede zwischen der eigenen Arbeit und ähnlichen Arbeiten Bescheid wissen und somit auf dem letzten Wissensstand sind. Bei dem Verfassen der Arbeit sind nicht nur Informationen über das Problem im Allgemeinen zu liefern, sondern es soll kritisch zur dargelegten Literatur Stellung genommen werden.

Der theoretische Hintergrund sollte folgende Punkte enthalten:

1. Organisation und Begründung der Literaturrecherche: wo und mit welchen Suchbegriffen wurde nach Literatur gesucht?
2. Definition der für die Arbeit wesentlichen Begriffe.
3. Aktueller Wissensstand: wesentliche Autor/innen und Literaturquellen sind anzuführen, miteinander zu vergleichen, für die eigene Arbeit zu verarbeiten und kritisch in die Argumentation einzubauen.
4. Wissenslücken: inwieweit wurde zum zu bearbeitenden Problem keine Literatur gefunden?
5. Diskussion der Ergebnisse der Literaturrecherche: zu welchen Erkenntnissen sind Sie nach der Verarbeitung der Literatur gekommen?

Bei einer theoretischen Arbeit (Literaturarbeit) bildet der theoretische Teil den Hauptteil der Arbeit und wird in entsprechende Kapitel im Sinne der Zielsetzung der Arbeit untergliedert.

5.2.3.2 Empirische Untersuchung und Hypothesen

Bei einer quantitativen empirischen Arbeit erfolgt die Beantwortung der Forschungsfrage hingegen durch eine theoriegeleitete Erhebung, Analyse und Interpretation von erhobenen Daten (Ebster & Stalzer, 2017, S. 36). Empirische Arbeiten enthalten zusätzlich zum Theorieteil ein Kapitel zur Erläuterung der methodischen Vorgangsweise sowie zur Darstellung der Ergebnisse der empirischen Erhebung. Die praktische Durchführung der empirischen Erhebung bzw. die Vorgehensweise zur Beantwortung der wissenschaftlichen Fragestellung müssen nachvollziehbar beschrieben werden, z. B. Art der Analyse, verwendete Materialien, Annahmen etc. Empirische Arbeiten haben daher ein Methodenkapitel zu enthalten, in dem die Methoden zur Datenerhebung und -auswertung beschrieben und begründet werden. Falls Sie nach dem Literaturstudium eine Hypothese aufgestellt haben, sollte sie in Verbindung zu Ihren angestrebten Rechercheabsichten, der relevanten Lektüre und der eigentlichen Untersuchung diskutiert werden. Falls Sie eine Hypothese generieren wollen, erhalten Sie nachfolgend Informationen zu den Arten von Hypothesen und zu deren Formulierung.

Hypothesen werden in der Regel bei quantitativen empirischen Arbeiten überprüft, bei qualitativen Arbeiten hingegen entwickelt (generiert). Allgemein ist eine Hypothese eine zunächst unbewiesene Annahme bzw. eine Vermutung über einen bestimmten Sachverhalt, meist über einen Merkmalszusammenhang zwischen mindestens zwei Variablen (Berger-Grabner, 2016, S. 121). Sie stellt damit eine vorläufige Antwort auf eine wissenschaftliche Frage dar, die im Zuge der Arbeit mittels Hypothesentest, beispielsweise mit klassischen Signifikanztests entweder „vorläufig bestätigt" oder „nicht bestätigt" wird (Döring & Börtz, 2016, S. 614). Hypothesen müssen einen Bezug auf die angeführte wissenschaftliche Fragestellung nehmen und sollten, wie auch die Forschungsfrage, so kurz wie möglich formuliert sein (Ebster & Stalzer, 2017, S. 157).

> **Beispiel für eine Hypothese:**
> *„Das Bildungsniveau (unabhängige Variable) beeinflusst die Höhe des Einkommens (abhängige Variable) bei Erwerbstätigen."*

Es wird zwischen der Nullhypothese (H0) und der Alternativhypothese (HA, H1) unterschieden. Die Nullhypothese sagt aus, dass ein bestimmter Zusammenhang nicht besteht. Wird diese Annahme mittels Hypothesentest verworfen, bleibt die Alternativhypothese als wahrscheinlich übrig (Berger-Grabner, 2016, S. 121).

> **Nullhypothese:**
> *„Das Bildungsniveau beeinflusst nicht die Höhe des Einkommens bei Erwerbstätigen."*
>
> **Alternativhypothese:**
> *„Das Bildungsniveau beeinflusst die Höhe des Einkommens bei Erwerbstätigen."*

Die Qualität einer Hypothese ist umso höher, je konkreter sie formuliert ist. Aussagen, die allgemeine Behauptungen oder Vermutungen ausdrücken, gelten als Thesen.

> „Hypothesen sind eine Unterform von Thesen: während eine These eine *einfache Behauptung* darstellt, behauptet eine Hypothese einen *Zusammenhang zwischen mindestens zwei Faktoren*; etwas zugespitzter ist sie die Vermutung einer *Ursache-Wirkungs-Beziehung*, welche sich in *Wenn-dann-oder-Je-desto-Aussagen formulieren lässt*.
> Die Aussage, ‚Die Studierenden von heute treiben mehr Sport als früher' wäre demnach eine These, die sich nicht so einfach in eine Hypothese übersetzen lässt. Demgegenüber lassen sich aus der These ‚Es gibt einen Zusammenhang zwischen Sport und Studienerfolg' verschiedene Hypothesen dazu ableiten, wie die beiden Faktoren Sport und Studienerfolg zusammenhängen: ‚Wenn Studierende Sport treiben, dann sind sie erfolgreicher im Studium', „Je mehr Sport Studierende treiben, desto erfolgreicher sind sie im Studium' oder auch umgekehrt ‚Je erfolgreicher Studierende sind, desto mehr Sport treiben sie'" Wie man am Sportbeispiel sehen kann, ist es zwar möglich, Zusammenhänge (im Sinne von Korrelationen) mittels Hypothesen festzustellen – was Ursache und was Wirkung ist, kann man daraus aber nicht eindeutig schließen; dafür bedarf es weiterer Forschung" (Roscher, 2009, S. 2).

Eine wissenschaftliche Abschlussarbeit sollte nicht zu viele Hypothesen enthalten. Empfohlen wird die Formulierung von drei bis maximal fünf Hypothesen, eine größere Anzahl ist in der geforderten Genauigkeit und Tiefe kaum zu bewältigen (Ebster & Stalzer, 2017, S. 157). Hypothesen haben einer Anzahl von Kriterien zu genügen, die bei der Hypothesenformulierung zu beachten sind (Dreier, 2006, S. 1):

- Hypothesen müssen empirisch überprüfbar sein, d. h., sie müssen so formuliert werden, dass sie sich in Bezug auf empirische Daten als falsch oder richtig erweisen können,
- Hypothesen müssen klar, spezifisch und präzise sein,
- Hypothesen dürfen keine Behauptungen enthalten, die sich widersprechen,
- Hypothesen beschreiben entweder Variablen oder/und Relationen zwischen Variablen,

- Hypothesen sollen immer nur einen Sachverhalt beschreiben,
- Hypothesen sollen wertfrei sein.

Hypothesen können in verschiedene Arten eingeteilt werden. So unterscheidet z. B. Berger-Grabner (2016, S. 122f.) zwischen folgenden Hypothesentypen:

(1) **Zusammenhangshypothese:** Aussage über Zusammenhänge zwischen den Merkmalsausprägungen zweier (bivariat) oder mehrerer (multivariat) Merkmale.

> **Beispiel:**
> „Wenn eine Person am Arbeitsplatz viel Stress (unabhängige Variable) ausgesetzt ist, dann hat diese mehr Krankenstandstage (abhängige Variable)."

(2) **Unterschiedshypothese:** vergleicht zwei oder mehrere Stichproben, die sich in einer oder mehreren Variablen (=Merkmalen) unterscheiden.

> **Beispiel:**
> „Das Einkaufsverhalten von Frauen in Bezug auf Bekleidung unterscheidet sich eindeutig von jenem der Männer."

(3) **Veränderungshypothese:** die Ausprägungen einer Variablen (=Merkmal) verändert sich im Laufe der Zeit (es sind daher mindestens zwei Messzeitpunkte erforderlich).

> **Beispiel:**
> „Je häufiger ein Produkt beworben wird (unabhängige Variable), desto größer ist sein Bekanntheitsgrad (abhängige Variable)."

(4) **Einzelfallhypothese:** das Untersuchungsfeld bleibt auf den Einzelfall beschränkt, hierbei wird auch von einer Fallstudie gesprochen.

> **Beispiel:**
> *„Das Süßwarenprodukt X weist während einer Preisreduktion (unabhängige Variable) eine höhere Absatzmenge (abhängige Variable) auf."*

Eine Hypothese kann basierend auf einer empirischen Erhebung entweder vorläufig als wahr angenommen (verifiziert) oder als falsch abgelehnt (falsifiziert) werden. Eine Hypothese kann niemals endgültig verifiziert werden, da sie aufgrund neuer Erkenntnisse oder veränderter Bedingungen später widerlegt werden kann (vgl. die wissenschaftstheoretische Diskussion betreffend die Verifikation von Hypothesen im Positivismus und kritischen Rationalismus).

Bitte beachten Sie:

Die Entwicklung von Hypothesen sollte im theoretischen Teil der Arbeit ihren Ursprung haben. Nachdem Sie in der Einleitung das Interesse für ein Thema geweckt haben, wird im theoretischen Teil die Verbindung zum bisherigen Forschungsstand hergestellt, wobei nur Sachverhalte angeführt werden, die einen Bezug zum gewählten Themenbereich haben. Anschließend wird dargelegt, wo es in der Literatur noch Forschungslücken gibt. Aus solchen Forschungslücken wird dann die Leitfrage mit eventuellen Unterleitfragen abgeleitet, und Hypothesen können aufgestellt werden. Mittels einer quantitativen Untersuchung können diese Hypothesen empirisch überprüft werden. Bei qualitativen Arbeiten werden Hypothesen erst nach einer empirischen Erhebung formuliert. In diesem Falle werden Hypothesen aus den Ergebnissen der qualitativen Untersuchung generiert. Hypothesen sollten erst dann formuliert werden, wenn Sie sich kompetent hinsichtlich der Hypothesenformulierung und der statistischen Überprüfung fühlen.

> **Tipp:**
> - Die korrekte Formulierung von Hypothesen setzt hohe Kompetenzen hinsichtlich der Theorien und der statistischen Methoden der Hypothesenüberprüfung voraus.
> - Besprechen Sie mit Ihrer Betreuerin/Ihrem Betreuer, inwiefern die Formulierung und Überprüfung von Hypothesen für die Fragestellung und Zielsetzung Ihrer Arbeit Relevanz haben.

> ✎ **Übung 4: Hypothesen**
>
> In der vierten Übung formulieren Sie bitte je eine These und eine Hypothese zu den Themenbereichen:
> - Gehalt von Mitarbeitenden
> - Mitarbeiter/innenzufriedenheit
> - Führungsstile und Mitbestimmung der Mitarbeitenden
> - Arbeitslosigkeit
> - Innovationskultur in einer Organisation
>
> Unterscheiden Sie dabei zwischen einfachen Vermutungen oder Behauptungen und werden Sie dann bei den Hypothesen immer konkreter, z. B. mit folgender Formulierung: „Je höher das Einkommen, desto mehr Geld wird für Reisen ausgegeben."

Nähere Informationen zur methodischen Vorgangsweise bei empirischen Arbeiten und bei Literaturarbeiten erhalten Sie in Kapitel 7 und 8.

5.2.3.3 Ergebnisse

In diesem Teil werden die Ergebnisse der Literaturrecherche (im Falle einer Literaturarbeit) bzw. die Ergebnisse der empirischen Untersuchung (im Falle einer empirischen Arbeit) dargelegt.

Die Ergebnisse sollten neutral, also ohne Wertung, dargelegt werden. Wichtig für wissenschaftliche Arbeiten ist die Trennung der Ergebnisse (objektive Darstellung) von deren Diskussion (subjektive Interpretation). In dem Abschnitt "Ergebnisse" erfolgt daher noch keine Interpretation der Ergebnisse. Diese erfolgt im anschließenden Kapitel "Diskussion". Es wird auch nicht angeführt, wie die Ergebnisse erreicht wurden. Dies sollte im Methodenteil erfolgen. Die Ergebnisse werden nach der Leitfrage und den Unterfragen gegliedert dargestellt. Im Allgemeinen sollte dieser Teil Tabellen und Abbildungen enthalten, aber auch informative Beispiele, um der Leser/innenschaft einen besseren Einblick in die Arbeit zu gewähren. Eigene Darstellungen werden **nicht** mit dem Namen der Autorin/des Autors der Arbeit gekennzeichnet. Alle Tabellen und Abbildungen werden im Text erläutert, wobei ausdrücklich auf die jeweilige Tabelle oder Abbildung verwiesen werden muss (z. B. vgl. Tabelle 4). Bei der Darstellung der Ergebnisse sollten keine weiteren Quellen mehr angeführt werden.

Bei empirischen Arbeiten werden Häufigkeitsverteilungen, Mittelwerte und Streumaße dargestellt. Auch über Signifikanzanalysen können die Ergebnisse dargestellt werden.

Bitte beachten Sie:
- Verwenden Sie eine objektive, wertfreie Darlegung der Ergebnisse.
- Verfolgen Sie eine strukturierte, übersichtliche Darstellung: Bildung von Unterkapiteln, Einsatz von Abbildungen, Grafiken oder Tabellen.
- Untermauern Sie die Ergebnisse mit Beispielen (z. B. wörtliche Zitate aus den Interviews).
- Bei den Ergebnissen sind Interpretationen oder Diskussionen zu unterlassen, diese werden in einem eigenen Kapitel angeführt.
- Verwenden Sie keine neuen Quellen oder neue Aspekte.

5.2.3.4 Diskussion der Ergebnisse

Dieses Kapitel enthält eine Beurteilung, Interpretation und Diskussion der Ergebnisse. Schlussfolgerungen aus der eigenen Untersuchung werden erst im Schlussteil gezogen. Auch Empfehlungen, die an die interessierte Leser/innenschaft ausgesprochen werden, sind im Schlussteil enthalten.

Beurteilung und Interpretation der Ergebnisse

Zunächst sollten die Forschungsfrage oder die eventuell formulierten Hypothesen angeführt werden. Anschließend folgen die Interpretation und kritische Betrachtung der Daten, die Erklärung der Ursachen für die Ergebnisse sowie die Frage, welche Folgerungen aus den Ergebnissen gezogen werden können. Einerseits wird im Rahmen der Interpretation die Fragestellung (Hypothese) überprüft und beantwortet und andererseits werden die eigenen Ergebnisse mit den in der Literatur gefundenen Ergebnissen verglichen, um so Übereinstimmungen oder Widersprüche aufzudecken.

Diskussion der Ergebnisse

Im Mittelpunkt der Diskussion steht die kritische Reflexion der eigenen Untersuchung. Auch ein Verweis auf die Ausarbeitungen im theoretischen Hintergrund sollte vorgenommen werden. Für relevante Gemeinsamkeiten und Unterschiede sind schlüssige Begründungen zu präsentieren, wobei auch auf die kritische Dimension nicht vergessen werden darf, d. h., es sollte im Rahmen einer Fehlerbetrachtung kritisch zur eigenen Arbeit bzw. zu den gewonnenen Erkenntnissen Stellung genommen werden. Auch über die Anwendbarkeit und Zuverlässigkeit der Ergebnisse sind Aussagen zu treffen. Bei einer derartigen Bewertung handelt es sich um eine persönliche Stellungnahme der Autorin/des Autors.

Bei der Diskussion der Ergebnisse sollte auf folgende Punkte bzw. Fragen eingegangen werden:

- Diskussion der Ergebnisse mit Bezug auf die Forschungsfragen bzw. Forschungsziele.
- Falls eine Hypothesenüberprüfung vorgenommen wurde: Diskussion der Hypothesen.
- Beurteilung der Aussagekraft der Ergebnisse.
- Kritische Hinterfragung der Daten.
- Kritische Auseinandersetzung mit den eigenen Ergebnissen (kritische Reflexion).
- Wurden die Ergebnisse durch bestimmte Daten oder Annahmen beeinflusst?
- Vergleich mit den Ergebnissen anderer Autor/innen.
- Schlüssige Begründungen für relevante Gemeinsamkeiten und Unterschiede.
- Kritische Reflexion der Vorgehensweise (Methodenkritik).

- Hätte es einen anderen Weg zur Lösung des Problems gegeben (kritische Reflexion)?
- Was ist gut gelungen? Was sollte bei einer weiteren Untersuchung anders gemacht werden (z. B. eine Frage anders formulieren)?
- Erfahrungen bei der Durchführung und Problemlösung.
- Prüfung der Anwendbarkeit und Zuverlässigkeit der Ergebnisse.
- Gegebenenfalls Diskussion ethischer Fragen bei der Erhebung.
- Welche Ziele konnten nicht erreicht werden?

> **Tipp:**
>
> Vergessen Sie nicht auf den Vergleich der erhobenen Daten mit den Daten bzw. Erkenntnissen aus der Literaturstudie. Welche Gemeinsamkeiten, Unterschiede oder Widersprüche sind zu erkennen? Erst nach einem derartigen Vergleich der Daten sollten Schlussfolgerungen gezogen und Empfehlungen gegeben werden. Damit können Sie zeigen, dass Sie vielleicht in einer bescheidenen Art ein wenig zur Schließung der aufgezeigten Wissenslücken beigetragen haben.

5.2.4 Schlussteil

Der Schlussteil setzt sich aus der Zusammenfassung und dem Ausblick zusammen und sollte nicht mehr als zwei bis drei Seiten umfassen. Die Bearbeitung kann in einem Kapitel oder bei umfangreichen Arbeiten in zwei Unterkapiteln erfolgen.

Mit dem Schlussteil und der Einleitung erhält die Leser/innenschaft einen ersten Eindruck über die Arbeit. Die Ergebnisse der gesamten Arbeit werden im Licht der wissenschaftlichen Fragestellung zusammengefasst und bewertet. Dabei ist die Frage zu beantworten, mit welcher Vorgehensweise welche Ergebnisse hinsichtlich der Forschungsfrage erzielt wurden. Die Forschungsfrage ist konkret zu beantworten und die Hypothesen sind zu verifizieren oder zu falsifizieren. Wichtig ist dabei, dass die Ergebnisse argumentiert bzw. eventuell durch einen Vergleich mit den Ergebnissen anderer Autor/innen kritisch beurteilt werden. Die einzelnen Kapitel sollten daher nicht einfach nur zusammengefasst werden. Normalerweise werden im Schlussteil keine weiteren Quellen mehr zitiert und keine neuen Problembereiche aufgegriffen, denn im Mittelpunkt sollen die eigenen Forschungsergebnisse stehen.

5.2.4.1 Zusammenfassung, Fazit, Resümee

Eine Zusammenfassung (auch als Fazit, Resümee, Schlussfolgerungen, Quintessenz bezeichnet) ist eine wertende Zusammenfassung der Ausgangssituation (inkl. Problemstellung und wissenschaftlicher Fragestellung) und enthält die wesentlichen Ergebnisse bzw. Erkenntnisse der Arbeit, auf deren Basis Schlussfolgerungen gezogen werden sollen. Bei Master-Theses und Dissertationen müssen Schlussfolgerungen aus den Ergebnissen der Arbeit gezogen werden.

Die folgenden **Fragestellungen** sollen zeigen, worauf bei einem **Fazit** zu achten ist:

- Was war die Forschungsfrage? Was sollte mit der Arbeit herausgefunden werden?
- Was sind die wichtigsten Ergebnisse der Arbeit?
- Zu welchen neuen Erkenntnissen hat die Arbeit geführt?
- Konnte die Forschungsfrage vollständig beantwortet werden, oder sind gewisse Teilfragen offengeblieben? Der Beweis dafür kann über erhobene Daten, Fallszenarien oder Argumente geliefert werden.
- Konnte das Ziel der Arbeit erreicht werden?
- Welche Schlussfolgerungen können gezogen werden? (z. B.: Insgesamt kann aus diesen Ergebnissen der Schluss gezogen werden, dass …)
- Was könnte bei diesem Thema noch von Interesse sein?
- Wie beurteilen Sie die erreichten Ergebnisse?
- Welche Erfahrungen wurden beim Verfassen der Arbeit gemacht?
- Gab es bei bestimmten Punkten Probleme oder verlief alles unproblematisch?
- Was könnten künftige Forscher besser machen? Sollte die künftige Vorgangsweise zur Bearbeitung des Problems geändert werden?
- Soll ein Appell an jemanden gerichtet oder eine Schlussfrage gestellt werden?

Die folgenden **Formulierungen** sollen zeigen, worauf bei einem **Fazit** zu achten ist:

- Ziel der vorliegenden Arbeit war es, …
- Zu diesem Zweck wurde eine …
- Die Erhebung ergab, dass …
- Was die Forschungsfrage betrifft, konnte anhand der … gezeigt werden, dass …
- Einerseits ergab die Literaturrecherche, dass …
- Andererseits musste festgestellt werden, dass …
- Anhand des Ergebnisses kann die Schlussfolgerung gezogen werden, dass …
- Dies gilt jedoch nur unter der Einschränkung, dass …
- Abschließend kann festgehalten werden, dass die Frage, inwieweit, ob, warum … …, nicht eindeutig beantwortet werden kann/nur unter der Einschränkung, dass …, Gültigkeit hat.

5.2.4.2 Ausblick

Ein Ausblick auf weiterführende Fragestellungen und künftige Entwicklungen bildet den Abschluss des Kapitels. Der Ausblick sollte auf den Ergebnissen der eigenen Arbeit aufbauen. Auf folgende Fragen sollte dabei eingegangen werden:

- Welche Ausblicke für die Zukunft eröffnen sich?
- Welche zukünftige Entwicklung wäre möglich? (z. B.: Unter Bezugnahme auf die Ergebnisse ist zu hoffen, dass …)
- Was sollte in Zukunft geschehen?
- Welche weiterführenden Forschungsarbeiten wären von Interesse?
- Welche Fragestellungen, Methoden bieten sich für zukünftige Forschungsvorhaben an?

Der Ausblick sollte sowohl auf die wissenschaftliche Dimension eingehen als auch Implikationen für die Praxis aufzeigen.

5.2.4.3 Lernreflexion

Eine Lernreflexion ist als letztes Kapitel je nach Fachhochschule/Universität nur bei wissenschaftlichen Arbeiten wie bei einer Masterarbeit oder einer Dissertation erforderlich. Sie sollten Ihre persönlichen Erfahrungen beim Verfassen der Arbeit darlegen und dabei auf folgende Fragen eingehen:

- Was habe ich gelernt?
- Habe ich irgendetwas erreicht, was ich zu Beginn nicht beabsichtigt hatte?
- Habe ich etwas gemacht, was ich nicht hätte tun sollen?
- Wenn ich noch einmal von vorne beginnen könnte, würde ich dann etwas anders machen?

5.3 Teile nach dem Textteil

Nach dem Textteil folgen das Literaturverzeichnis, eventuell ein Anhang und möglichenfalls ein Glossar. Diese Teile werden nicht nummeriert, die Seitennummerierung mit arabischen oder (kleinen) römischen Ziffern läuft aber weiter:

- Literaturverzeichnis: Das Literaturverzeichnis enthält alle Werke in alphabetischer Reihenfolge, die in der Arbeit zitiert wurden.
- Glossar: Ein Glossar erklärt Begriffe, die nicht zum Allgemeinwissen gehören.
- Anhang: Er enthält alles, das zu umfangreich für den Hauptteil wäre bzw. den Lesefluss stören würde, aber doch so wichtig ist, dass es auf jeden Fall in der Arbeit enthalten sein sollte, wie z. B. der verwendete Fragebogen, Formulare oder Gesetzestexte. Wenn der Anhang sehr umfangreich ist, sollte ein eigenes Verzeichnis zur Übersicht davorgesetzt werden. Bei mehreren Anhängen werden diese gegliedert mit Anhang 1: …, Anhang 2: … usw.

> **💡 Tipp:**
>
> - Erstellen Sie ein Masterdokument, in dem Sie bereits alle Überschriften und Verzeichnisse definieren. Diese können Sie dann Schritt für Schritt abarbeiten.
> - Nennen Sie in der Zusammenfassung nochmals die wichtigsten Ergebnisse.
> - Denken Sie beim Ausblick auch an anknüpfende Forschungsmöglichkeiten

Wissenstest 2

1. **Welche Informationen sollte die Einleitung liefern?**
   a. Überblick über den Aufbau der Arbeit
   b. Die wichtigsten Erkenntnisse der Arbeit
   c. Methodik zur Beantwortung der Forschungsfrage
   d. Relevanz des Themas

2. **Welche Elemente befinden sich typischerweise vor dem Textteil der Arbeit?**
   a. Abstract
   b. Inhaltsverzeichnis
   c. Literaturverzeichnis
   d. Erhebungsinstrumente (Fragebogen, Interviewleitfaden)

3. **Welche Informationen bzw. Aussagen sollte der Hauptteil liefern?**
   a. Darstellung der Ergebnisse
   b. Diskussion und Erläuterung der methodischen Vorgangsweise
   c. Ähnliche Arbeiten und bisherige Forschungsergebnisse
   d. Ausblick auf weiterführende Fragestellungen

4. **Um welche Art von Hypothese handelt es sich bei dem folgenden Beispiel? Je größer die Fenster in einem Büro sind, desto produktiver sind die Mitarbeitenden.**
   a. Zusammenhangshypothese
   b. Unterschiedshypothese
   c. Veränderungshypothese
   d. Einzelfallhypothese

5. **Welchen Kriterien sollte das Literaturverzeichnis entsprechen?**
   a. Die verwendete Literatur wird chronologisch nach Erscheinungsjahr gelistet.
   b. Die verwendete Literatur wird alphabetisch nach dem Nachnamen der Autor/innen gelistet.
   c. Die verwendete Literatur wird alphabetisch nach dem Titel des Werkes gelistet.
   d. Das Literaturverzeichnis sollte nur Werke enthalten, die in der Arbeit zitiert wurden.

6. Welche Aussagen über die Gliederung der Arbeit sind korrekt?

a. Bei der Untergliederung eines Kapitels muss es immer mindestens einen Unterpunkt geben.
b. Das Literaturverzeichnis wird in der Gliederung als letztes Kapitel nummeriert.
c. Das Deckblatt enthält keine Seitennummerierung, wird aber als erste Seite mitgezählt.
d. Bei Kapitelüberschriften steht hinter der letzten Ziffer immer ein Punkt (2.1.1.).

6 Arten von wissenschaftlichen Arbeiten

Nachdem Sie ein Thema gefunden haben, müssen Sie überlegen, welche Art von wissenschaftlicher Arbeit Sie schreiben wollen. Grundsätzlich wird zwischen dem theoretischen und dem empirischen Forschungsansatz unterschieden. Zu den empirischen Ansätzen gehören auch Fallstudien und Praxisprojekte. Während beim empirischen Ansatz direkt am konkreten Untersuchungsgegenstand geforscht wird, handelt es sich beim theoretischen Ansatz um eine sog. Literaturarbeit. Die Entscheidung für eine spezifische Art hängt vor allem vom Erkenntnisinteresse und der Forschungsfrage bzw. dem Ziel der Arbeit ab.

6.1 Theoretische Arbeit oder Literaturarbeit

Eine theoretische Arbeit erfordert die Auseinandersetzung mit verschiedenen wissenschaftlichen Theorien und empirischen Befunden zu einem bestimmten Thema bzw. einer bestimmten Forschungsfrage, wobei es um die Einbettung der Fragestellung in die relevante Literatur geht. Die verschiedenen Ansätze müssen dargelegt, bewertet und kritisch bzw. argumentativ nach bestimmten Aspekten und Kriterien, die sich aus der Themenstellung bzw. Forschungsfrage ergeben, miteinander verglichen werden. Dabei ist die vorhandene wissenschaftliche Literatur zu einer bestimmten Themenstellung systematisch und detailliert zu analysieren. Damit wird der gegenwärtige Forschungsstand (State of the Art) dargelegt, und Forschungslücken werden aufgezeigt. Meist handelt es sich bei der wissenschaftlichen Literatur um empirische Studien, die zusammengefasst dargestellt werden. Zum Abschluss der Arbeit sollen theoretische Schlussfolgerungen bzw. Konsequenzen abgeleitet und ein Ausblick auf weitere Forschungsarbeiten geliefert werden.

Bei einer theoretischen Arbeit kann unabhängig von externen Personen gearbeitet werden. Empirische Daten aus z. B. Interviews oder anderen Arbeiten können rezitiert werden. Eine theoretische Arbeit erfordert grundlegende Lesekompetenzen und analytische Fähigkeiten sowie gute Kenntnisse über empirische Forschungsmethoden, die in den zu analysierenden Studien verwendet worden sind. Dies erfordert eine umfangreiche Literatur- und Faktenrecherche in Bibliotheken sowie viel Denk- und Argumentationsarbeit. Empfehlenswert ist der vorherige Besuch einer Lehrveranstaltung zur Methodenlehre. Es kann auch zu Beginn eine These aufgestellt werden, die dann auf Basis der vorhandenen Literatur überprüft oder weiterentwickelt wird. Im Hauptteil der Arbeit erfolgt eine Darstellung oder eine Gegenüberstellung der verschiedenen Autor/innen, wobei zu deren Beiträgen kritisch Stellung genommen werden sollte. Da hier nur auf bereits vorhandene wissenschaftliche Literatur zurückgegriffen wird, werden diese Arbeiten auch als Literaturarbeit bezeichnet.

Eine theoretische Arbeit kann aus einem Vergleich bestehen, in dem unterschiedliche Theorien einander gegenübergestellt und bewertet werden. Es kann auch das Modell „These – Antithese – Synthese" verwendet werden, indem eine Theorie dargestellt und nachfolgend einer anderen gegenüberstellt wird. Werden diese beiden Theorien miteinander kombiniert, entsteht aus der Gegenüberstellung die Synthese. Im Schlussteil der Arbeit kann dann die neue, erweiterte Theorie dargestellt werden.

Die Leistung der Studierenden wird vor allem nach ihrer Fähigkeit beurteilt, den Stand der Forschung zusammenzufassen und bereits vorliegende Arbeiten einander gegenüber zu stellen, theoretisch zu bewerten, verschiedene Standpunkte darzulegen und kritisch zu beurteilen. Damit wird eine Zusammenfassung des gegenwärtigen Standes der Diskussion zu einem bestimmten Thema geliefert, die durch eigene Ansichten und Schlussfolgerungen, Darlegung des zukünftigen Forschungsbedarfs und Aufzeigen von Forschungstrends ergänzt wird.

6.2 Empirische Arbeit

Bei einer empirischen Arbeit kann an einem konkreten Untersuchungsgegenstand geforscht und damit ein Beitrag zum gegenwärtigen wissenschaftlichen Stand eines Themenbereiches geliefert werden. Ausgewählte Artikel zum Themenbereich sind zusammenzufassen und eventuelle Forschungslücken sollten aufgezeigt werden. Zunächst stellt sich die Frage, ob sich für den Untersuchungsgegenstand eher qualitative Expert/inneninterviews oder quantitative, repräsentative Umfragen eignen. Dabei ist auf die Forschungsfrage Bezug zu nehmen und ein entsprechendes Untersuchungsdesign ist zu entwickeln. Die Grundlage für die Datenerhebung bilden die theoretischen Ausarbeitungen und eventuell bereits durchgeführte Studien zum Themenbereich. Die Ergebnisse der Datenauswertung müssen statistisch analysiert sowie nach wissenschaftlichen Richtlinien dargestellt und diskutiert werden. Am Ende der Arbeit sollten Schlussfolgerungen gezogen und die eigene Arbeit sollte kritisch beurteilt werden.

Auch bei empirischen Arbeiten ist im ersten Teil der Arbeit eine Aufarbeitung der vorhandenen Literatur und der vorhandenen Studien über die Themenstellung und eine Wiedergabe des Forschungsstandes erforderlich, d. h., die eigene Studie muss in einen theoretischen Rahmen eingebettet und zu den vorhandenen Forschungsergebnissen in Beziehung gesetzt werden (Einbettung des Themas). Zu diesem Zweck sollten ein konzeptioneller Rahmen und die Basis für den Fragebogen oder die Interviews entwickelt werden. Die Daten werden erhoben, aufbereitet, geordnet und ausgewertet. Die Beantwortung der Forschungsfrage erfolgt somit durch eine theoriegeleitete Erhebung, Analyse und Interpretation der erhobenen Daten.

Es wird zwischen quantitativen und qualitativen Methoden unterschieden. Mit **qualitativen** Methoden werden nicht standardisierte Daten erhoben und ausgewertet. Meistens erfolgt dies in Form von Expert/inneninterviews mit offenen Fragen. Die Expert/inneninterviews können eventuell auch als Fallbeispiele dienen. Auf diese Art kann zumeist mengenmäßig weniger als bei Umfragen erfasst werden, dafür vielfach genauere Daten in Form von Gründen oder Motiven der interviewten Personen, welche die Problemstellung besser veranschaulichen und damit zu neuen Erkenntnissen führen. Aus der Datenanalyse können Hypothesen generiert werden. Diese Vorgangsweise eignet sich insbesondere dann, wenn

- unbekannte Phänomene untersucht werden sollen,
- neue Thesen/Theorien/Modelle entwickelt werden sollen oder
- ein Untersuchungsgegenstand in seiner Ganzheit, Komplexität und Vielfältigkeit erfasst werden soll.

Bei **quantitativen** Methoden werden aus den Erkenntnissen des Theorieteils zunächst Hypothesen formuliert. Je nach Forschungsfrage werden dann standardisierte Daten erhoben. Die Erhebung erfolgt in den meisten Arbeiten mit Fragebögen. Zu den einzelnen Fragen gibt es vorgegebene Antwortskalen. Die Anzahl der Befragten soll möglichst groß sein. Nach einer statistischen Auswertung der Daten können die zuvor aufgestellten Hypothesen über den Untersuchungsgegenstand überprüft und verifiziert oder falsifiziert werden.

Die Forschungsergebnisse werden anhand der Hypothesen interpretiert und bewertet. Diese Vorgangsweise eignet sich insbesondere dann, wenn

- vorhandene Theorien oder Phänomene betrachtet werden sollen,
- Hypothesen/Theorien überprüft werden sollen,
- allgemein gültige Aussagen (Gesetzmäßigkeiten) abgeleitet werden sollen oder
- Prognosen abgeleitet werden sollen.

Bei einer empirischen Arbeit sollten Sie zu der Erläuterung der methodischen Vorgangsweise auf folgende Punkte eingehen:
- wissenschaftliche Fragestellung bzw. Hypothesen,
- Untersuchungsdesign,
  - Forschungsablauf,
  - Methodenwahl inkl. Begründung,
- Operationalisierung bei quantitativer Erhebung,
- Beschreibung der Stichprobe sowie der Kriterien der Stichprobenziehung,
- Datenerhebung,
  - Erhebungsverfahren und -instrumente inkl. Begründung (z. B. Fragebogen, Interviewleitfaden),
  - Erhebungsprozess (z. B. Online-Befragung, Face-to-Face-Interviews),
- Datenerfassung und -aufbereitung (z. B. Transkription),
- Datenanalyse,
  - Qualitative Auswertungsverfahren,
  - Quantitative Auswertungsverfahren.

Durch eine vollständige Darstellung der Vorgehensweise wird auch erreicht, dass die Studie oder die Erhebung wiederholt werden kann. Damit kann auch überprüft werden, ob die Vorgehensweise für die Hypothesengenerierung bzw. Hypothesenprüfung geeignet war.

Bitte beachten Sie:

Gleichsam wie im Exposé wird auch bei der Beschreibung der Methodik in der Abschlussarbeit von Ihnen erwartet, dass Sie die Methoden der Datenerhebung und Datenauswertung erläutern und diskutieren. Dies bedeutet, dass Sie mögliche Methoden der Datenerhebung und Datenauswertung darlegen und begründen, warum Sie sich für eine gewisse Methode entschieden haben und warum andere Methoden nicht so geeignet sind. Dabei sollten Sie auch auf die Gütekriterien von Messinstrumenten (siehe Kapitel 7.2.6.3) eingehen.

6.3 Fallstudien

Die Fallstudienanalyse zählt zu den qualitativen Methoden, vor allem in der Managementforschung haben Fallstudien eine zunehmende Bedeutung erlangt. Mit einer Einzelfallstudie wird ein bestimmter Ausschnitt aus der Realität untersucht oder es wird eine Theorie erhärtet oder relativiert. Dabei ist eine bestimmte Vorgehensweise erforderlich, um die Daten auch verwerten zu können. Mayring (2016, S. 43f.) führt fünf zentrale Aspekte an:

1. Fragestellung: Was wird mit der Fallanalyse bezweckt?
2. Falldefinition: Was soll als Fall gelten? Was wird untersucht?
3. Methodenbestimmung und Materialsammlung: Welche für die Fragestellung aussagekräftigen Quellen und welche qualitativen Methoden kommen zum Einsatz?
4. Aufbereitung des Materials: Wie wird das Material dokumentiert/fixiert? Wie wird das Material kommentiert? Wie werden die Daten zusammengefasst, strukturiert und wie Kategorien gebildet?
5. Falleinordnung: Wie lässt sich der Fall in einen größeren Zusammenhang einordnen? Wie lässt er sich mit anderen Fällen vergleichen?

Bei einer Fallstudienanalyse werden idealerweise mehrere Methoden zur Erhebung von Daten aus unterschiedlichen Quellen eingesetzt (Schmidt, 2006, S. 95). Die Fallstudie wird als Forschungsansatz oft kritisch besprochen. Wegen ihres oft qualitativen Charakters wird ihr eine geringere Objektivität, Quantifizierbarkeit, repräsentative Aussagekraft oder Robustheit als anderen Ansätze vorgehalten, wie z. B. dem Experiment, rein quantitativen Erhebungen über sehr große Stichproben in Form von standardisierten Umfragen sowie der Analyse von archivierten Daten (Yin, 2014, S. 10). Ob eine Fallstudie für eine wissenschaftliche Arbeit die adäquate Vorgehensweise ist, hängt vor allem von der Zielsetzung und der konkreten Forschungsfrage ab. Wie bei jedem Ansatz geht es auch bei der Fallstudie um die Erhebung und Analyse empirischer Daten. Es wird versucht, durch Beobachtung und Analyse einer Einzelfall- oder einer Mehrfallstudie zu neuen Erkenntnissen zu gelangen. Eine statistische Generalisierbarkeit kann mit einer Fallstudie jedoch nicht erreicht werden. Es besteht aber die Möglichkeit einer analytischen Generalisierbarkeit. „Fallstudien als Forschungsstrategie versuchen daher vielmehr, die gewonnen Erkenntnisse zu einer darüber liegenden theoretischen Domäne zu generalisieren und den Nutzenzuwachs durch Anreicherung der relevanten Theorie zu generieren" (Schmidt, 2006, S. 110). Die durch qualitative Forschung im Rahmen einer Fallstudie erlangten Daten geben dem/der Forscher/in mehr Möglichkeiten, die Bedeutung beobachteter Handlungen und Ereignisse zu verstehen. Die Analyse qualitativer Daten gewährt im Gegensatz zu quantitativ erhobenen Daten tiefere Einblicke in den Untersuchungsgegenstand. Um die theoretischen Schlussfolgerungen aus einer Fallstudie zu erhärten, könnte die Studie im Rahmen anderer Fallstudien wiederholt werden, wobei dies gemäß der Theorie zu vergleichbaren Ergebnissen führen sollte.

In folgenden Fällen wäre die Fallstudie eine geeignete Forschungsstrategie (Schmidt, 2006, S. 107):

- Die Forschungsfragen haben einen „Wie" oder „Warum" Charakter.
- Der Untersuchungsgegenstand liegt in der Gegenwart.
- Es besteht keine Kontrolle über das Verhalten der involvierten Akteure oder sonstigen Rahmenbedingungen.

Es wird in Einzelfall- und Mehrfallstudien differenziert. Die Einzelfallstudie wäre unter folgenden Umständen der Mehrfallstudie vorzuziehen (Yin, 2014, S. 40):

- Es wird ein „kritischer" Fall behandelt, der sich besonders dazu eignet, eine bestehende Theorie zu testen.
- Der untersuchte Fall stellt eine extreme oder einzigartige Situation dar.
- Es handelt sich um eine typische oder repräsentative eher allgemeine Situation für eine Vielzahl von Fällen, die untersucht werden könnten. Als Ergebnis lassen sich Schlüsse auf andere vergleichbare Situationen ziehen.
- Es wird mit einer Fallstudie Zugang zu bisher wissenschaftlich unerreichbaren Untersuchungsgegenständen erhalten.
- Im Rahmen einer Langzeitstudie eines einzelnen Falls kann dieselbe Situation zu verschiedenen Zeitpunkten oder über einen langen Zeitraum untersucht werden.

Der Vorteil von Mehrfallstudien ist einerseits, dass die Ergebnisse überzeugender wirken als die von Einzelfallstudien, und sie andererseits auch wiederholt werden können. Dabei wird ein Phänomen, welches in einem Fall beobachtet wird, am Beispiel eines anderen Falles untersucht. „Je überzeugender und je häufiger solche Replikationen die gefundenen Ergebnisse bestätigen können, desto stärker werden die gewonnenen Erkenntnisse methodisch untermauert" (Schmidt, 2006, S. 117). Der Nachteil von Mehrfallstudien ist jedoch, dass sie aufwändiger, teurer und zeitraubender in der Durchführung sind. Untersuchungsobjekte in einer Fallstudie können einzelne Individuen und deren Handlungen sein. Aber auch Teams, Abteilungen, Sparten, Regionen, spezielle Ereignisse, Entscheidungsprozesse kommen als Untersuchungsobjekt in Frage, das wiederum verschiedene Datenerhebungsinstrumente erfordert.

Die Gliederung von Fallstudien und Praxisprojekten entspricht dem Muster einer empirischen Studie, ist jedoch weniger kontrolliert und mit einem geringeren methodischen Anspruch verbunden. Das erste Kapitel beginnt mit einer Einleitung und enthält die Problemstellung, die Forschungsfrage, Zweck und das Ziel sowie den Aufbau der Arbeit. Im zweiten Kapitel folgen der theoretische Hintergrund und die Erwartungen an den Fall bzw. an das Praxisobjekt. Im dritten Kapitel werden die Methodik und Vorgehensweise beschrieben. Im folgenden praktischen Teil werden zunächst die konkreten Bedingungen geschildert, unter denen die Fallstudie oder das Praxisprojekt stattgefunden hat. Außerdem wird das Untersuchungsobjekt erläutert, und die diagnostischen Instrumente und Methoden werden beschrieben. Nach der Datenerhebung werden die Ergebnisse dargelegt. Im Rahmen der Datenanalyse werden die Ergebnisse analysiert und bewertet. Im Schlussteil werden die Ergebnisse zusammengefasst und beurteilt, und es werden Schlussfolgerungen gezogen. Die Zusammenfassung enthält auch einen Ausblick.

7 Der Forschungsprozess bei empirischen Arbeiten

Zunächst wollen wir eine idealtypische Grobstruktur einer empirischen Untersuchung von der Problemstellung bis zur Interpretation der qualitativen oder quantitativen Ergebnisse beschreiben. Diese Grobstruktur kann sowohl bei qualitativen als auch bei quantitativen Methoden angewandt werden. Die einzelnen Stadien einer empirischen Forschungsarbeit beinhalten folgende Arbeitsschritte (Börtz & Döring, 2016, S. 24f.):

1. Formulierung der Forschungsfrage
2. Theoretischer Rahmen und Forschungsstand
3. Entwicklung des Untersuchungsdesigns
4. Operationalisierung (Messinstrumente entwickeln)
5. Stichprobenziehung
6. Datenerhebung
7. Datenaufbereitung
8. Datenanalyse
9. Ergebnispräsentation

Der Forschungsprozess wird gewöhnlich in die folgenden drei Abschnitte (Atteslander, 2010, S. 209) unterteilt, die als eine Einheit im Forschungsprozess zu betrachten sind:

1. **Entdeckungszusammenhang (context of discovery)**
   Unter Entdeckungszusammenhang wird der Anlass, der zu einem Forschungsvorhaben geführt hat, d.h. die Motive und Interessen, warum eine Forschungsfragestellung empirisch untersucht werden soll, verstanden. Es werden die Kontextfaktoren der Forschung beschrieben.
   Frage: Was soll erforscht werden?
2. **Begründungszusammenhang (context of justification)**
   Der Begründungszusammenhang klärt, mit welchen spezifischen Methoden bzw. mit welchen Textunterlagen das Problem bearbeitet wird (methodologisches Vorgehen). Es wird hier entschieden, welches inhaltsanalytische Verfahren eine Untersuchung der Fragestellung ermöglicht und angewendet werden soll.
   Frage: Wie soll etwas erforscht werden?

3. **Verwertungszusammenhang**
   Unter Verwertungszusammenhang wird die Präsentation der Ergebnisse in der Öffentlichkeit verstanden. Die Formulierung der Problemlösung steht hier im Mittelpunkt. Sie kann in Publikationen, Vorträgen, Pressemeldungen und dergleichen erfolgen.
   Frage: Was geschieht mit den Ergebnissen? Es geht um die Nutzung bzw. Anwendung von Theorien.

Diese drei Strukturen des Forschungsprozesses können in verschiedene Phasen unterteilt werden. Alle Forschungsarbeiten haben einen bestimmten Ablauf, wobei bestimmte Anforderungen erfüllt werden müssen, z.B. die Kriterien Reliabilität, Objektivität und Validität. Da jedoch jedes Forschungsvorhaben eine spezielle Art hat, gibt es für den Forschungsprozess keinen allgemein gültigen Ablauf. Trotzdem kann der Forschungsprozess in grundlegende Phasen unterteilt werden, die voneinander abhängig sind. Werden z.B. Fehler in der ersten Phase gemacht, so hat dies negative Auswirkungen auf die folgenden Phasen. Viele Autor/innen verwenden zur Darstellung des Forschungsprozesses Phasenmodelle. So unterscheidet z.B. Atteslander (2010, S. 21) die folgenden fünf Phasen (Tabelle 4):

Tabelle 4: Fünf-Phasen-Modell nach Atteslander (2010, S. 21)

1. Problembenennung	Entdeckungszusammenhang
2. Gegenstandsbenennung	
3. Durchführung und Anwendung von Forschungsmethoden	Begründungszusammenhang
4. Analyse und Auswertungsverfahren	
5. Verwendung von Ergebnissen	Verwertungszusammenhang

Wird ein solches idealtypisches Forschungsablaufmodell an einigen Punkten nach Mayring[12] erweitert, kann es auch bei qualitativen Projekten angewandt werden. Er tritt für eine verbindende Forschungslogik der beiden Ansätze ein:

> *„Eine wirkliche Integration qualitativer und quantitativer Analyse und damit eine Überwindung der oft kritisierten Gegenüberstellung gelingen*

---

12 Mayring, P. (2001): Kombination und Integration qualitativer und quantitativer Analyse, in: Forum Qualitative Social Research Sozialforschung, verfügbar unter: https://www.qualitative-research.net/index.php/fqs/article/view/967/2110 (28.12.2020).

uns aber nur, wenn wir für beide Forschungstraditionen eine gemeinsame Forschungslogik formulieren."

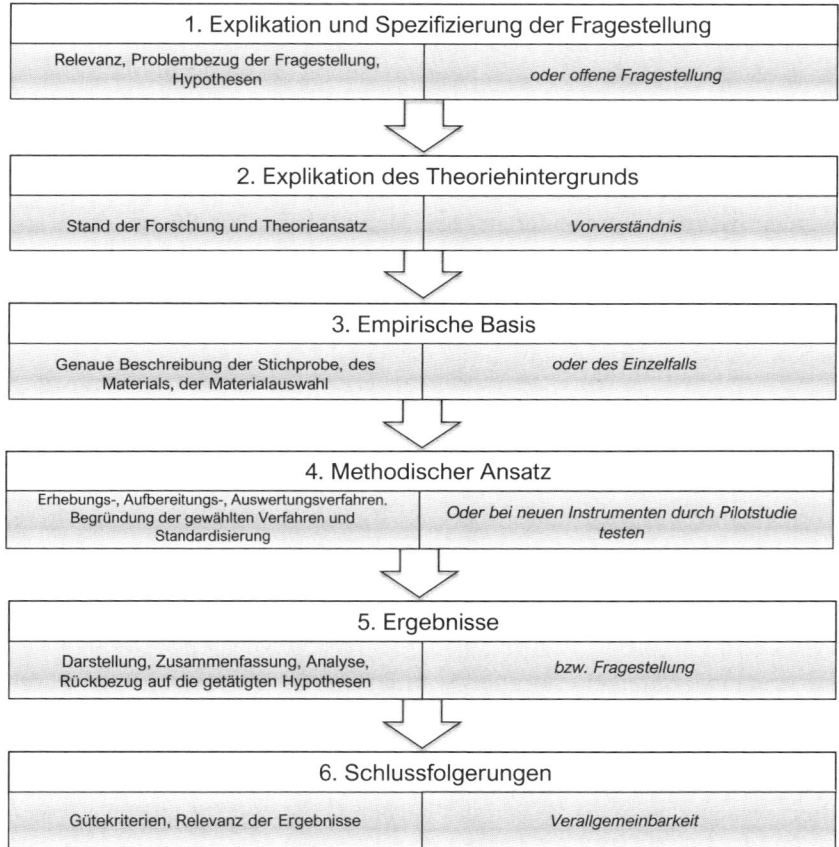

Abbildung 4: Ablaufmodell für qualitative und quantitative Forschung (eigene Darstellung angelehnt an Mayring 2001)

Dies wird oft beeinträchtigt durch Forderungen an Hypothesenformulierungen am Anfang oder die Größe der Stichprobe, die qualitative Vertreter/innen ablehnen. Die Konsequenz ist dann oft, dass qualitativ orientierte Projektberichte keinem geregelten Ablaufschema folgen. Der Ablauf eines idealtypischen Forschungsprozesses ist geprägt durch die Fragestellung, den Theoriehintergrund, die Empirie, den methodischen Ansatz, die Ergebnisse und die Schlussfolgerungen. Das Modell kann an den einzelnen Punkten durch qualitative Projekte ergänzt und erweitert werden.

Nachfolgend beschreiben wir die verschiedenen Arbeitsschritte im Prozessablauf, wie sie Lieber (1998) übersichtlich zusammengefasst hat.

7.1 Entdeckungszusammenhang

In dieser ersten Phase der Konzeptualisierung eines Forschungsvorhabens werden wichtige Entscheidungen über den weiteren Forschungsverlauf getroffen: Methode, Stichprobe, Auswertung und Verwertung. Es geht um die Frage, wessen Interessen vertreten werden und welchem Zweck die Ergebnisse dienen sollen. Der Anlass für das Forschungsvorhaben kann ein gesellschaftliches oder ein theoretisches Problem sein.

Jedes Forschungsvorhaben beginnt mit der Festlegung des Forschungsgegenstandes. Dieser muss konkret formuliert und klar eingegrenzt werden. Im Mittelpunkt dieser Phase stehen die Wahl des Forschungsproblems und die Formulierung der Forschungsfrage.

Das nachfolgende Beispiel soll dies verdeutlichen. Ein Unternehmen möchte wissen, wie es die Krankenstände seiner Mitarbeiter/innen senken kann. Wo liegt das Problem? Es liegt in den Einflussfaktoren auf den Gesundheitszustand einer Mitarbeiterin/eines Mitarbeiters. Die Forschungsfrage würde lauten: Wie wirkt sich das Freizeitverhalten auf den Gesundheitszustand aus?

Der generelle Zweck der Forschung besteht in dem Ziel, „durch die Anwendung wissenschaftlicher Verfahren sinnvolle Antworten auf sinnvolle Fragen zu finden" (Selltiz, 1972, S. 9). Im Allgemeinen wird zwischen einem praktischen Ziel (Wissen, um etwas besser zu tun) und einem theoretischen Ziel (Wissen, um des Wissens willen) unterschieden. Nach Alemann (1977, S. 60) geht es dabei einerseits um soziale/praktische Probleme (z. B. Funktionieren der Gesellschaft) und andererseits um wissenschaftliche Probleme (z. B. Funktionieren der Forschung mit dem Ziel, zu Theorien sozialer Vorgänge zu kommen).

Nachdem Sie sich für ein Forschungsproblem entschieden haben, beginnt die **Phase der Theoriebildung**. Im Rahmen einer Literaturrecherche sollten Sie sich einen Überblick über den gegenwärtigen Wissensstand, bereits durchgeführte Untersuchungen, aktuelle Forschungsergebnisse und Erkenntnisse verschaffen. Aufbauend auf den Ergebnissen der Literaturrecherche diskutieren Sie, inwieweit eine Beantwortung der Forschungsfrage mit dem gegenwärtigen Wissensstand möglich ist. Sollten Sie trotz gründlicher Literaturrecherche keine Theorie finden, müssten Sie selbst eine entwickeln oder eine Theorie von einem ähnlichen Gegenstandsbereich heranziehen. Im Anschluss an die Literaturrecherche und -auswertung können bei quantitativen Untersuchungen Hypothesen generiert werden.

In der Phase des Erkenntniszusammenhangs sollten Sie bereits eine Eingrenzung des Problembereiches vornehmen, auch wenn sie nur vorläufig ist, weil sie sich im Verlauf des Forschungsprozesses noch ändern kann. Dieser Phase kommt eine große Bedeutung zu, weil sie einen großen Einfluss auf den Erkenntnisgewinn hat.

7.2 Begründungszusammenhang

Der Begründungszusammenhang stellt das Kernstück des Forschungsprozesses dar. Der zuvor entwickelte theoretische Ansatz ist in dieser Phase umzusetzen, und eventuell bei quantitativen Erhebungen sind aufgestellte Hypothesen zu überprüfen. Zur methodischen Vorgehensweise gehören der Entwurf des Forschungsplans, die Wahl der Methode, die Untersuchungseinheiten und die Erhebungsinstrumente (Atteslander, 2010, S. 53). Diese Phase wird von verschiedenen Autor/innen unterschiedlich untergliedert. Wir werden nachfolgend die einzelnen Arbeitsschritte nach Schnell et al. beschreiben, weil sie übersichtlich und verständlich dargestellt sind: Konzeptspezifikation, Operationalisierung, Forschungsdesign, Auswahl der Untersuchungseinheiten, Pretest, Datenerhebung, Datenerfassung und Datenanalyse.

7.2.1 Konzeptspezifikation

Im Rahmen der Konzeptspezifikation wird das Forschungsvorhaben spezifiziert und die verwendeten Konzepte und Begriffe werden erläutert. Damit wird der Untersuchungsgegenstand in seine Aspekte zerlegt und strukturiert und die verwendeten Variablen werden erklärt. Durch Bezug auf Literaturstudien, Expertenbefragungen, vorhandene Studien bzw. empirische Befunde werden Informationen über den Untersuchungsgegenstand zusammengetragen. Zunächst werden die für die Untersuchung relevanten Dimensionen ausgewählt. Dann müssen die für diese Dimensionen entsprechenden Begriffe gefunden und definiert werden. An einem Beispiel soll dieser Vorgang verdeutlicht werden.

Nehmen wir an, ein Unternehmen möchte die Krankenstände seiner Mitarbeiter/innen senken. Die Einflussfaktoren auf den Gesundheitszustand der Mitarbeiter/innen wären dann das Problem. Eine passende Forschungsfrage wäre: Wie wirkt sich das Freizeitverhalten auf den Gesundheitszustand der Mitarbeiter/innen aus? Wir müssen uns jetzt für die relevanten Dimensionen zum Freizeitverhalten und zum Gesundheitszustand entscheiden. Das Freizeitverhalten kann in die Dimensionen Unterhaltung/Kultur (Theater, Kino, Fernsehen, Bücher lesen usw.), Sport (Fitnessclub, Vereinssport, Joggen usw.) und Hobby (Basteln, Gedichte schreiben, Malen, Instrument spielen usw.) untergliedert werden. Der Gesundheitszustand kann in die Dimensionen Nicht-/Vorhandensein von Krankheiten, Empfinden von Glück/Unglück und soziales Wohlbefinden unterteilt werden. Die für diese Dimensionen entsprechenden Begriffe müssen jetzt definiert werden. Die Benutzung der Begriffe sollte so genau wie möglich beschrieben werden, damit die Argumentation intersubjektiv überprüfbar ist (Kromrey, 1994, S. 98).

Unter Bezug auf die definierten Begriffe können jetzt bei quantitativen Erhebungen die forschungsleitenden Hypothesen aufgestellt werden, wobei unter Hypothese eine Vermutung über den Zusammenhang zwischen mindestens zwei Sachverhalten zu verstehen ist (vgl. Kapitel 5.2.3.2). Diese Sachverhalte werden als Variablen bezeichnet. Unter einer Variablen versteht Diekmann ein Merkmal oder eine Eigenschaft von Personen oder Gruppen, Organisationen oder anderen Merkmalsträgern, die verschiedene Merkmalsausprägungen annehmen kann (Diekmann, 1995, S. 100). Es können jetzt folgende Hypothesen formuliert werden:

- Je mehr sportliche Aktivitäten in der Freizeit getätigt werden, umso weniger Krankheiten entwickeln Individuen.
- Je mehr sportliche Aktivitäten in der Freizeit getätigt werden, umso mehr Krankheiten entwickeln Individuen.

Die Variablen sind hier „sportliche Aktivität" (mit den Merkmalsausprägungen Joggen, Schwimmen, Boxen) und „Krankheit" (mit den Merkmalsausprägungen krank und nicht krank).

7.2.2 Operationalisierung

Nach der Definition der Begriffe muss überlegt werden, wie diese Begriffe bzw. Merkmale gemessen werden sollen. Den Begriffen bzw. Konstrukten müssen daher beobachtbare Sachverhalte zugeordnet werden, damit Messungen über Indikatoren möglich sind. Die Indikatoren müssen eindeutig definiert sein, damit sie die zu untersuchenden Aspekte beinhalten, und sie müssen einen hohen Aktualitätsgrad haben, d. h., sie müssen die Testpersonen gut ansprechen (Atteslander, 2010, S. 228). Vor der Wahl und Konstruktion der Indikatoren muss eine Entscheidung über die Erhebungsmethode getroffen werden. Die Variable Krankheit lässt sich z. B. nicht immer durch Beobachtung erfassen. Ein Indikator könnte die Antwort auf die folgende Frage sein: Leiden Sie gegenwärtig an einer Krankheit? Mit einer solchen Frage hätte ich mich bereits auf die Erhebungsmethode „Befragung" festgelegt.

Um mit den Variablen arbeiten zu können, werden bestimmte Mess- und Skalierungsmethoden benötigt. Welcher Skalentyp bzw. welche Messverfahren dafür herangezogen werden, hängt von der Art der Daten, vom gewollten Aufwand, von den Untersuchungszielen und von dem zu untersuchenden Merkmal ab.

Es wird zwischen folgen Messskalen unterschieden (Döring & Börtz, 2015, S. 238–257):

- Nominalskala: „ordnet den Objekten eines empirischen Relativs Zahlen zu, die so geartet sind, dass Objekte mit gleicher Merkmalsausprägung gleiche Zahlen und Objekte mit verschiedener Merkmalsausprägung verschiedene Zahlen erhalten" (z. B. Geschlecht). Es wird nur zwischen Gleichheit und Ungleichheit unterschieden.
- Ordinalskala: „ordnen den Objekten eines empirischen Relativs Zahlen (Rangzahlen) zu, die so geartet sind, dass von jeweils zwei Objekten das dominierende Objekt die größere Zahl erhält. Bei Äquivalenz der Merkmalsausprägung sind die Zahlen identisch" (z. B. Notenskala). Neben Gleichheit und Ungleichheit wird auch die Rangfolge dargelegt.
- Intervallskala: „ordnet den Objekten eines empirischen Relative oder Relativs? Zahlen zu, die so geartet sind, dass die Rangordnung der Zahlendifferenzen zwischen je zwei Objekten der Rangordnung der Merkmalsunterschiede zwischen je zwei Objekten entspricht. Die Intervallskala zeichnet sich durch Äquidistanz bzw. Gleichabständigkeit der Messwerte aus" (z. B. Temperatur).

- Ratioskala/Verhältnisskala: „ordnet den Objekten eines empirischen Relative oder Relativs? Zahlen zu, die so geartet sind, dass das Verhältnis zwischen je zwei Zahlen dem Verhältnis der Merkmalsausprägung der jeweiligen Objekte entspricht. Die Verhältnisskala verfügt über einen absoluten Nullpunkt" (z. B. Alter).

7.2.3 Forschungsdesign

Mit dem Forschungsdesign (auch als Untersuchungsdesign, Untersuchungs- oder Versuchsanordnung, Versuchsplan bezeichnet) wird festgelegt, wann, wie, wo und wie oft die empirischen Indikatoren an welchen Objekten erfasst werden. Es wird somit die Art und Weise festgelegt, wie das Forschungsinstrument eingesetzt werden soll. Je nach dem zeitlichen Modus werden drei Erhebungsarten unterschieden (Börtz & Döring, 2016, S. 210f.):

- Querschnittsstudie: Eine Stichprobe wird zu einem Messzeitpunkt untersucht, dabei können beispielsweise Personen unterschiedlichen Alters oder unterschiedlichen Geschlechts untersucht werden.
- Trendstudie: Mehrere Stichproben werden in zeitlichem Abstand jeweils zu einem Messzeitpunkt mit demselben Instrument untersucht. Die Stichproben sind jeweils unterschiedlich. Es handelt sich um eine Abfolge von Querschnittserhebungen bzw. um eine Replikation der ursprünglichen Erhebung.
- Längsschnittstudie: Dieselbe Stichprobe (Panel) wird über einen längeren Zeitraum zu mehreren Messzeitpunkten mit demselben Instrument untersucht.

7.2.4 Auswahl der Untersuchungseinheiten

Da Vollerhebungen sehr aufwendig und teuer wären, wird gewöhnlich nur ein Teil des gesamten Datenmaterials (Grundgesamtheit/Population), d. h. eine Stichprobe (sample), erhoben. Die Stichprobe muss repräsentativ für die Grundgesamtheit sein. Die Grundgesamtheit/Population muss genau definiert werden. Durch die Wahl eines Auswahl-/Stichprobenverfahren wird festgelegt, auf welche Art und Weise die Elemente der Grundgesamtheit ausgewählt werden. Die Anzahl der ausgewählten Elemente wird als Stichprobenumfang bezeichnet, der von der Fragestellung und der Genauigkeit der Schätzung abhängt. Die Schätzung wird umso genauer, je größer die Stichprobe ist.

Wird z. B. eine Firmenbefragung durchgeführt, so bilden alle Mitarbeiter/innen die Grundgesamtheit. Jede Mitarbeiterin und jeder Mitarbeiter sind ein Element der Grundgesamtheit Die Auswahl der befragten Mitarbeiter/innen bildet die Stichprobe. Bei den Arten von Stichprobenverfahren werden zwei Hauptgruppen unterschieden:

- Wahrscheinlichkeits-/Zufallsauswahl: Jedes Element der Grundgesamtheit kann mit einer Wahrscheinlichkeit größer als Null in die Stichprobe kommen. Je nachdem, wie viele Stufen es bei der Ziehung der Stichprobe gibt, wird von einer „Einfachen Zufallsauswahl" oder einer „Mehrstufigen Zufallsauswahl" ausgegangen.
- Quotenauswahl: Bei systematischen Verfahren wird die Stichprobe nach vorgegebenen Regeln gezogen. Dabei wird zwischen „Quotenverfahren" und „Systematischer Auswahl" unterschieden. Beim Quotenverfahren wird die Grundgesamtheit in verschiedene Quoten unterteilt, wobei die prozentuale Verteilung in der Grundgesamtheit bekannt sein muss. Bei einer systematischen Auswahl wird auf vorhandene Karteikarten oder Listen zurückgegriffen und die Stichprobe wird dann nach bestimmten Regeln (z. B. Prozentsatz der Männer und Frauen) gezogen.

7.2.5 Pretest

Vor der Anwendung muss das Erhebungsinstrument getestet werden, um herauszufinden, ob es gültige und zuverlässige Messungen ermöglicht. Der Pretest dient dazu, eventuelle Mängel aufzuzeigen und den zeitlichen Aufwand einzuschätzen. Die entdeckten Mängel sind in der Arbeit anzuführen und zu begründen. Das Erhebungsinstrument muss dann auch entsprechend überarbeitet werden. Möglichenfalls müssen auch die Arbeitsschritte 1 bis 4 noch einmal durchgeführt, entsprechend korrigiert und ein weiterer Pretest vorgenommen werden.

7.2.6 Datenerhebung

Bei der Erhebung von Daten wird zwischen Primär- und Sekundärdaten unterschieden. Während Primärdaten neu erhoben werden müssen, wird bei Sekundärdaten auf vorhandene Daten zurückgegriffen, die schon bei anderen Forschungsprojekten erhoben worden sind. Bei den Sekundärdaten wird zwischen internen (in der Organisation vorhandenen) und externen Daten unterschieden. Externe Daten stehen entweder öffentlich oder kommerziell zur Verfügung.

Primärdaten können erhoben werden durch:

- Befragung,
- Experiment,
- Beobachtung.

Bei den qualitativen Befragungsmethoden wird unterschieden zwischen:

- Einzelinterview,
- Gruppendiskussion oder Fokusgruppe (face to face oder internetgestützt),
- Verhaltensdaten: Scannerdaten, Kaufdaten, Kundendatenbanken.

Zu den quantitativen Befragungsmethoden gehören:

- standardisierte mündliche Befragung (face to face),
- standardisierte schriftliche Befragung,
- standardisierte telefonische Befragung (meist computerunterstützt: CATI (Computer Assisted Telephone Interviewing)),
- Online-Befragung.

Beim Experiment wird differenziert zwischen:

- Laborexperiment,
- Feldexperiment.

Sekundärdaten können erhoben werden durch:

- Sekundäranalysen von sozialwissenschaftlichen Erhebungen und Meinungsumfragen. Zu diesen Studien liegen bereits Publikationen vor, in denen das Material interpretiert wurde,
- Sekundäranalysen von demografisch-statistischem Material, z. B. Statistiken der Statistik Austria.

7.2.6.1 Qualitative und Quantitative Methoden

„Bei qualitativen Methoden geht es um das Beschreiben, Interpretieren und Verstehen von Zusammenhängen, die Aufstellung von Klassifikationen oder Typologien und die Generierung von Hypothesen."[13] Es handelt sich somit um eine qualitative Betrachtung des Untersuchungsgegenstandes bzw. um

---

13 Quantitative vs. Qualitative Methoden (nosnos.synology.me) (20.12.2020)

die Erkenntnis der Qualität der erhobenen Daten. Qualitative Methoden werden verwendet, wenn neue Erkenntnisse oder eine neue Theorie entwickelt werden möchte. Sie sind nicht generalisierbar. „Aus den Ergebnissen werden Theorien konstruiert und Folgerungen für die Praxis gezogen. Repräsentativität und Strukturierung werden durch Offenheit, Breite, Detaillierung, Nähe und Interdisziplinarität ersetzt" (Berger-Grabner, 2016, S. 129).

Bei den quantitativen Methoden geht es hingegen um eine möglichst genaue Beschreibung und Vorhersagbarkeit von Verhalten in Form von Modellen, Zusammenhängen und zahlenmäßigen Ausprägungen (Berger-Grabner, 2016, S. 117), d. h., es geht um die Messung von Mengen, Größenverhältnissen oder Anzahlen eines oder mehrerer bestimmter Merkmale des Untersuchungsgegenstandes. Mit quantitativen Methoden kann eine Theorie bestätigt oder widerlegt werden. Quantitative Methoden sind daher auch generalisierbar.

Ob ein Forschungsgegenstand qualitativ oder quantitativ erforscht wird, hängt von der Forschungsfrage ab. Je weniger über den Untersuchungsgegenstand bekannt ist, desto mehr bietet sich eine qualitative Erhebung an. Aus der Verarbeitung und Interpretation von verbalen Daten können dann Fragen für eine quantitative Erhebung abgeleitet werden bzw. Hypothesen für eine quantitative Untersuchung generiert werden. Tabelle 5 zeigt die Unterschiede zwischen qualitativen und quantitativen Methoden.

Tabelle 5: Unterschiede zwischen qualitativen und quantitativen Methoden (eigene Darstellung)

Kriterien	Qualitative Methoden	Quantitative Methoden
Ziel	– Erforschung „fremder" Lebenswelten – Ergründung von Kausalitäten und möglichen Zusammenhängen – Erforschung unbekannter Perspektiven durch Hinzuziehen anderer Quellen – Untersuchung eines bestimmten Ausschnittes aus der Realität – Hypothesengenerierung – Grobauswahl von Alternativen	– Deskription (Häufigkeiten, Mittelwerte, Anteile etc.) – Explanation: Testen von Vorannahmen oder Hypothesen mittels statistischer Methoden bzw. Instrumenten – systematische, standardisierte und objektive Messung und Quantifizierung von empirischen Sachverhalten – Anspruch auf Repräsentativität – Analyse statistischer Zusammenhänge
Erhebungs-instrumente	– Narrative (erzählende) Interviews: eher unstrukturiert, der/die Interviewte kann frei erzählen – Leitfadeninterviews: strukturiert mittels Leitfragen – Gruppendiskussion (Fokusgruppe) – Textanalyse – Beobachtungsanalyse	– Befragung (telefonisch, schriftlich) mit Fragebögen, die statistisch verwertbare Antworten liefern – Standardisierte Beobachtung – Experiment (z. B. Milgram-Experiment) – Panel – Sekundärdaten
Art der Fragestellungen	– Welche Art und Weise, Eigenschaften und Qualitäten weist der Untersuchungsgegenstand auf? – Wie ist etwas beschaffen? – Warum wurde eine Entscheidung getroffen?	– Fragen nach Häufigkeiten – Fragen nach Ausprägungen von Merkmalen – Fragen nach der Verteilung – Fragen nach dem Zusammenhang
Methoden	– Fallstudie(n) – Hermeneutik bzw. Textanalyse und -interpretation/qualitative Inhaltsanalyse (z. B. nach Mayring 2016) – Qualitative Interviews – Gruppendiskussion – Shadowing (Beobachtung und Befragung der Kundin/des Kunden beim Gebrauch des Produkts oder der Inanspruchnahme der Dienstleistung) – Expert/inneninterview (strukturiert, unstrukturiert)	– Befragung (schriftlich, telefonisch; online) – Quantitative Interviews – Datenerhebung, -aufbereitung und statistische Auswertung

Kriterien	Qualitative Methoden	Quantitative Methoden
Beispielhafte Fragestellungen	– Was bedeutet Arbeitslosigkeit für das Familienleben? – Was bringt Coaching im Arbeitskontext? – Welche Bildungscontrollingkonzepte eignen sich für die betriebliche Anwendung?	– Welche Auswirkung hat der Drogenkonsum auf die Anzahl an Krankenstandstagen? – Wie oft kommt es zu Konflikten in gecoachten Teams im Vergleich zu nicht gecoachten?
Ergebnisse	– Beschreibungen und Darstellung von „anderen" Sichtweisen, – Aufzeigen von alternativen Lebenswelten und Verhaltensweisen – Keine statistische Auswertung – Interpretation von verbalen oder schriftlichen Daten	– Beschreibende Statistik (Häufigkeiten, Verteilungen …) – Schlussfolgernde/Überprüfende Statistik (Signifikanztests, Korrelationen, …)
Notwendige Kompetenzen der Forscher/innen	– Interviewkompetenz und Kenntnisse der Gesprächsführung – Bei der Darstellung qualitativer Ergebnisse ist besonders auf die Nachvollziehbarkeit zu achten. (Ein Dritter sollte die Schlüsse der Wissenschaftlerin/des Wissenschaftlers verstehen und jederzeit nachvollziehen können.)	– Wissen zur Fragebogenkonstruktion – Statistische Kenntnisse für die Verwertung der erhobenen Daten

Werden im Rahmen einer Studie mehrere Methoden miteinander verknüpft z. B. Mix aus qualitativen und quantitativen Methoden, so wird von Methoden-**Triangulation** gesprochen (Flick, 2004).

Zu den qualitativen Methoden zählt auch die Fallstudienanalyse, die vor allem in der Managementforschung eine zunehmende Bedeutung erlangt hat. Mit einer Einzelfallstudie wird ein bestimmter Ausschnitt aus der Realität untersucht oder es wird eine Theorie erhärtet oder relativiert. Dabei ist eine bestimmte Vorgehensweise erforderlich, um die Daten auch verwerten zu können. Mayring (2016, S. 43f.) führt fünf zentrale Aspekte an:

1. Fragestellung: Was wird mit der Fallanalyse bezweckt? Nummerierung?
2. Falldefinition: Was soll als Fall gelten? Was wird untersucht?
3. Methodenbestimmung und Materialsammlung: Welche für die Fragestellung aussagekräftigen Quellen und welche qualitativen Methoden kommen zum Einsatz?

4. Aufbereitung des Materials: Wie wird das Material dokumentiert/fixiert? Wie wird das Material kommentiert? Wie werden die Daten zusammengefasst, strukturiert und wie Kategorien gebildet?
5. Falleinordnung: Wie lässt sich der Fall in einen größeren Zusammenhang einordnen? Wie lässt er sich mit anderen Fällen vergleichen?

> ### ✎ Übung 5: Methodik
>
> In der ersten Übung haben Sie bereits zu einem Themenbereich eine Problemstellung und daraus einen Titel erarbeitet. In der zweiten Übung haben Sie dann eine passende For-schungsfrage formuliert. In der dritten Übung leiten Sie jetzt aus der Problemstellung und der Forschungsfrage die Methodik ab, mit der Sie die Forschungsfrage beantworten wollen: Bei der Beschreibung der Methodik stellen Sie folgende Überlegungen an:
>
> 1. Mit welchen Methoden könnte die Forschungsfrage beantwortet werden?
> 2. Erläutern Sie, inwieweit diese Methoden zur Beantwortung der Forschungsfrage geeignet wären.
> 3. Entscheiden Sie sich für eine Methode und begründen Sie, warum Sie sich für diese Methode entschieden haben.
> 4. Begründen Sie, warum die anderen Methoden nicht so geeignet sind.
>
> Verfassen Sie eine Seite und gehen Sie dabei auf die oben angegebenen Punkte ein.

7.2.6.2 Gütekriterien von Messinstrumenten

Eine empirische Erhebung muss drei Gütekriterien entsprechen, nämlich der Validität, der Reliabilität und der Objektivität (Bortz & Döring, 2016, S. 442–448; Ebster & Stalzer, 2017, S. 169–172). Anhand dieser drei Kriterien kann die Qualität eines Tests bzw. eines Fragebogens festgestellt werden.

Die **Validität** (Gültigkeit) ist das wichtigste Gütekriterium. Sie gibt den Grad der Genauigkeit an, mit dem eine Untersuchung das misst, was sie messen soll. Damit hat sie besonders für die Überprüfung von Hypothesen eine große Bedeutung. Wird z. B. tatsächlich die Intelligenz oder die Testangst gemessen? Sie kann nicht direkt gemessen werden, sondern nur über Methoden, Daten und Ergebnisse erschlossen werden. Es wird zwischen Inhalts-, Kriteriums- und Konstruktvalidität unterschieden.

Ein Beispiel dafür wäre: Was bedeutet die Anzahl der Fehltage in einem Unternehmen? Liegt hier eine valide Kennzahl über die Gesundheit der Mitarbeiter/innen oder die Mitarbeiter/innenzufriedenheit vor?

Wir halten fest: Die Validität eines Tests gibt an, wie gut der Test genau das misst, was er zu messen vorgibt.

Die **Reliabilität** gibt die Zuverlässigkeit einer Messmethode bzw. den Grad der Messgenauigkeit eines Instruments an. Eine Untersuchung ist dann reliabel, wenn es bei einer Wiederholung der Messung unter denselben Bedingungen und denselben Objekten zu demselben Ergebnis kommt. Die Reliabilität kann durch eine Wiederholung der Untersuchung, das wäre eine Retest-Methode, oder durch eine andere gleichwertige Untersuchung, das wäre eine Paralleltest-Methode, ermittelt werden. Gemessen wird die Reliabilität durch den Reliabilitätskoeffizienten, der sich aus der Korrelation der beiden Untersuchungen ergibt. Dazu zwei Beispiele: Wie viele Männer arbeiten in dieser Abteilung? Wie viele vertrauenswürdige Männer arbeiten in dieser Abteilung? Welche Frage hat eine größere Reliabilität?

Wir halten fest: Die Reliabilität eines Tests kennzeichnet den Grad der Genauigkeit, mit dem das geprüfte Merkmal gemessen wird.

Unter **Objektivität** wird das Ausmaß, in dem ein Untersuchungsergebnis hinsichtlich der Durchführung, Auswertung und Interpretation nicht vom Untersuchungsleiter beeinflusst werden kann, verstanden. Wenn also ein zweiter Versuchsleiter den Test durchführt, dürfte er nicht zu anderen Ergebnissen kommen. Bei der **Durchführungsobjektivität** darf das Ergebnis nicht vom Untersuchungsleiter beeinflusst werden. Bei der **Interpretationsobjektivität** dürfen Meinungen des Untersuchungsleiters nicht das Ergebnis beeinflussen. Bei der **Auswertungsobjektivität** darf die Vergabe von Testpunkten für bestimmte Testantworten vom Untersuchungsleiter nicht beeinflusst werden. Beispiele dafür wären: Die Fahrgeschwindigkeit eines Autos wird mit einem geeichten Radargerät gemessen. Ein Vorgesetzter befragt seine Mitarbeiter/innen zu seinem Führungsverhalten. Welche Messung wäre hier wohl objektiv?

Wir halten fest: Die Objektivität eines Tests gibt an, in welchem Ausmaß die Testergebnisse vom Untersuchungsleiter unabhängig sind. Zwischen den Gütekriterien besteht ein Zusammenhang. Sie bauen aufeinander auf: Ohne Objektivität gibt es keine Reliabilität, ohne Reliabilität gibt es keine Validität. Nur wenn alle Gütekriterien innerhalb bestimmter Bandbreiten liegen, können aus den Ergebnissen verlässliche Schlussfolgerungen gezogen werden. Das Ziel muss daher die Herstellung valider Messinstrumente sein.

7.2.7 Datenerfassung

Die gewonnenen Daten müssen niedergeschrieben, aufbereitet und gespeichert werden, bevor sie im nächsten Schritt analysiert werden. Zu diesem Zweck wird die Datensammlung strukturiert, gestrafft, verdichtet und auf Fehler überprüft. Die kodierten Daten können dann mit einer geeigneten Software analysiert werden.

7.2.8 Datenanalyse

Die gesammelten Daten werden hinsichtlich der Forschungsfrage und der aufgestellten Hypothesen ausgewertet und interpretiert. Das dabei verwendete statistische Analyseverfahren hängt vom Skalenniveau der Variablen und von der Art der Daten ab. Die empirischen Ergebnisse sind mit den theoretischen Erkenntnissen zu vergleichen. Eventuelle aufgetretene Fehler und die angewandte Methode sind zu diskutieren. Die Verteilungen einer Variablen und die Zusammenhänge zwischen zwei oder mehr Variablen werden mit Hilfe statistischer Methoden und einer geeigneten Software untersucht. Damit wird überprüft, inwieweit die in der Theorie vorhandenen Beziehungen mit den erhobenen Daten übereinstimmen.

Bei den Verfahren der Datenanalyse können folgenden Analysen betrachtet werden:

1. **Univariate Analyseverfahren**
   Es wird nur eine Variable betrachtet. Mit diesen Analysen wird ein Einblick über die Verteilung von Merkmalsausprägungen oder statistischen

Kennwerten (Lagemaße: Modus, Median und das arithmetische Mittel; Streuungsmaße: Varianz und Standardabweichung) gewonnen.

2. **Bivariate Analyseverfahren**
   Mit diesen Analysen werden Zusammenhänge zwischen zwei Variablen untersucht (Kreuztabellierung, Einfache Korrelationsanalyse, Einfache Regressionsanalyse).

3. **Multivariate Analyseverfahren**
   Mit diesen Analysen werden mehrdimensionale Daten (Merkmalsausprägungen) untersucht, wenn ein Objekt durch mehr als ein Merkmal geprägt ist (Strukturen prüfende und Strukturen entdeckende Verfahren).

7.3 Verwertungszusammenhang

Nachdem die Ergebnisse der Untersuchung vorliegen, kann die Umsetzung der Forschungsergebnisse erfolgen. Die Ergebnisse sollen öffentlich gemacht und diskutiert werden. Indem die Ergebnisse in Beziehung zur Leitfrage und zum gegenwärtigen Wissenstand gebracht werden, tragen sie zum wissenschaftlichen Fortschritt und zu praktischen Veränderungen in der anfangs formulierten Problemstellung bei. Die Verwertung eines Forschungsprojektes kann durch Publikationen, Vorträge, Pressemitteilungen, Forschungsberichte oder Endberichte für den Auftraggeber erfolgen. Nach Kromrey (1990, S. 61f.) sollte sich der/die Forscher/in dabei mit folgenden Problemen auseinandersetzen:

- Können die berechneten Beziehungen zwischen den Daten in die Beziehungen zwischen den Dimensionen in der Realität zurückübersetzt werden?
- Können die Ergebnisse auf ähnliche Objekte oder auf eine größere Gesamtheit verallgemeinert werden? (Repräsentativität der Stichprobe)
- Sind die Daten zuverlässig gemessen/erhoben/aufbereitet worden? (Zuverlässigkeit)
- Sind die Indikatoren geeignet gewesen? (Gültigkeit der Operationalisierung)
- Wurden die vorher formulierten Hypothesen und Theorien bestätigt oder verifiziert?
- Was sind die Konsequenzen der Ergebnisse für die eingangs formulierte Fragestellung?

Wissenstest 3

1. **Welche der folgenden Methoden sind der qualitativen Forschung zugeordnet?**
   a. Gruppendiskussion
   b. Online-Befragung
   c. Fallstudie
   d. Expert/inneninterviews

2. **Für welche Forschungsziele eignen sich insbesondere quantitative Methoden?**
   a. Überprüfung von Hypothesen/Theorien
   b. Ableitung von Prognosen
   c. Untersuchung unbekannter Phänomene
   d. Erfassung des Untersuchungsgegenstandes in seiner Ganzheit, Komplexität und Vielfältigkeit

3. **Welche der folgenden Aspekte sind kennzeichnend für qualitative Methoden?**
   a. Fragen nach der Verteilung
   b. Kenntnisse der Gesprächsführung
   c. Anspruch auf Repräsentativität
   d. Generierung von Hypothesen

4. **Welche der folgenden Aspekte sind kennzeichnend für quantitative Methoden?**
   a. Aufzeigen von alternativen Lebenswelten und Verhaltensweisen
   b. Basiswissen zur Fragebogenkonstruktion
   c. Analyse statistische Zusammenhänge
   d. Erforschung unbekannter Perspektiven

5. **Für welche der folgenden Forschungsfragen eignen sich qualitative Methoden?**
   a. Welche Auswirkung hat Rauchen im Jugendalter auf die Lebenserwartung?
   b. Wie reagieren Arbeitnehmer/innen der Generation 50+ auf veränderte Arbeitsanforderungen im Zuge der Digitalisierung?

c. Welche Motive veranlassen langjährige Mitarbeitende, in die Selbstständigkeit zu wechseln?
d. Wie wirkten sich Nachtdienste auf die Konzentrationsfähigkeit von Mitarbeitenden in Pflegeheimen aus?

6. **Welches Gütekriterium ist mit folgender Aussage gemeint: „Gibt den Grad der Genauigkeit an, mit dem eine Untersuchung das misst, was sie messen soll"?**
a. Repräsentativität
b. Objektivität
c. Validität
d. Reliabilität

8 Der Forschungsprozess bei Literaturarbeiten[14]

Bei Literaturarbeiten (Reviews) stehen die Theorien zum Thema im Mittelpunkt der Überlegungen. Die Grundlage bildet normalerweise ein systematischer Review der theoretischen und empirischen Arbeiten in einem bestimmten Fachbereich. Die Theorien werden analysiert und bilden die Grundlage für weitere Forschungsvorhaben. Es sollte dabei nicht um eine kommentarlose Aneinanderreihung oder Zusammenfassung von Theorien gehen. Es sollten vielmehr unterschiedliche Ansätze diskutiert und miteinander verglichen sowie Gemeinsamkeiten und Unterschiede aufgezeigt werden. Die Literatur sollte kritisch aufgearbeitet werden und als Grundlage für die Beantwortung der Forschungsfrage dienen.

8.1 Hermeneutik

Zur Auslegung von Texten bedient man sich der Hermeneutik. Unter Hermeneutik bzw. Hermeneutischem Zirkel wird die Auslegung und Interpretation von Texten, d. h. also, dass es um das Verstehen bzw. die Erfassung von Sinn und Bedeutung von Texten geht, verstanden. Durch das laufende Lesen von Texten erweitern wir unser Vorverständnis und somit auch das Verständnis der entsprechenden Materie. Das wissenschaftliche Vorgehen entspricht somit einem „spiralförmigen Interpretationsprozess", der solange fortgeführt wird, bis wir für den Verstehensprozess genügend Informationen erhalten haben. Dieser Prozess wird hermeneutischer Zirkel genannt.

Bitte beachten Sie:

Die wissenschaftliche Auseinandersetzung mit Quellen und Texten erfordert eine kritische Aufarbeitung und nicht eine kommentarlose, unreflektierte Wiedergabe. Der Bezug zur wissenschaftlichen Fragestellung muss gegeben sein.

---

14 Nachfolgend zwei übersichtliche englische Artikel: Eisenberg, N. (2000). Writing a Literature Review, in: Sternberg, R. J. (Hrsg.): *Guide to Publishing in Psychology Journals*. Cambridge University Press. S. 17–34. Sternberg, R. J. (2011). Writing a Literature Review, in: Sternberg, R. J. und Karin Sternberg (Hrsg.): *The Psychologist`s Companion*. Cambridge University Press. S. 61–79.

8.2 Literature Review

In Literature Reviews werden vorhandene Forschungsarbeiten zusammengefasst. Es wird somit der gegenwärtige Stand der Forschung dargelegt, wobei Beziehungen, Widersprüche, Lücken und Ungereimtheiten in der Literatur aufgezeigt werden. Eine Literaturarbeit kann ein neues Thema aus der vorhandenen Literatur bearbeiten. Dabei werden Teile aus der Literatur ausgewählt und dann zusammengesetzt. Wird hingegen ein in der Literatur bereits behandeltes Thema wiedergegeben, so ist eine differenzierende Gegenüberstellung mehrerer Literaturarbeiten oder eine wertende Auseinandersetzung erforderlich.

Bei der Auswahl der Literatur für die Forschungsarbeit muss der/die Forscher/in entscheiden, welche Literatur er/sie für geeignet oder nicht geeignet ansieht, wobei es vor allem auf die Relevanz und die Qualität ankommt. Die Relevanz einer vorliegenden Quelle kann ermittelt werden, indem das Abstract, die Einleitung, die Ergebnisse und die Zusammenfassung oder das Inhaltsverzeichnis einer Quelle begutachtet werden. Die Qualität einer Quelle hängt vor allem von der Reputation des/der Autor/in, der Qualität der Publikation, in welcher ein Artikel erscheint (z. B. Peer-Reviewed Journal), der Anzahl der Verweise von anderen Werken auf die Quelle und von bibliografischen Angaben in der Quelle ab.

Es wird dabei zwischen systematischem Literature Review und narrativem Literature Review unterschieden. Beim **systematischen Literature Review** wird die vorhandene Literatur systematisch und nach vorgegebenen Schritten und Kriterien untersucht[15]. Der Zeit- und Ressourcenaufwand ist bei diesen systematischen Übersichtsarbeiten sehr hoch, weil sie den Anspruch haben, unter Anwendung vorher definierter Ein- und Ausschlusskriterien nach Möglichkeit alle publizierten Studien zu einem bestimmten Thema zu berücksichtigen.

Beim **narrativen Literature Review** wird nicht mit expliziten und klar definierten Kriterien vorgegangen, sondern die Auswahl der bearbeiteten Literatur ist freier und zielt mehr darauf ab, Verständnis aufzubauen und nicht einen Bereich systematisch zu durchforsten wie beim systematischen Litera-

---

[15] https://sakai.mci4me.at/access/lessonbuilder/item/266451/group/f46c2d34-be52-47ae-9d5b-63e6ca36b526/Demo-Lernpfad/3.1+Warum+Literaturarbeit.pdf (20.07.2020)

ture Review. Es bietet daher einen breiten Überblick zu einem bestimmten Thema und ist gut geeignet, sich schnell über den aktuellen Forschungsstand zu einem Thema zu informieren. Die Auswahl der berücksichtigten Artikel erfolgt jedoch subjektiv und unsystematisch. Im Deutschen wird dafür auch der Begriff „selektive Literaturübersicht" verwendet.

Im Gegensatz zum systematischen Literature Review wird im narrativen Literature Review nicht nach expliziten und klar definierten Kriterien gearbeitet. Die Vorgangsweise ist flexibler und die Auswahl der bearbeiteten Literatur zielt mehr darauf ab, Verständnis aufzubauen als einen Forschungsbereich systematisch zu umfassen. Die Grenzen zwischen diesen beiden Ansätzen verschwimmen jedoch, so gibt es auch im narrativen Ansatz Bemühungen, klarer zu definieren, welche Quellen berücksichtigt werden und aus welchen Gründen diese ausgewählt wurden.

8.3 Struktur eines Reviews

Die Erstellung einer Literaturarbeit beinhaltet:[16]

1. eine kritische Auseinandersetzung mit der einschlägigen und aktuellen Forschungsliteratur sowie mit theoretischen, empirischen und methodischen Aspekten des Forschungsfeldes zur Gewinnung eines Überblicks und zur Einführung in die Thematik (Einleitung & Theorie),
2. Herleitung konkreter Hypothesen zur allgemeinen Fragestellung (Hypothesen),
3. eine Darstellung der Vorgehensweise bei der Literatursuche und Auswahl von Arbeiten zur Prüfung der Hypothese (Methode),
4. die Auswertung der Daten in Bezug auf die Fragestellung anhand qualitativer (z. B. deskriptiv, tabellarisch) und/oder quantitativer Methoden (z. B. Häufigkeiten, gewichtete Effektstärken, Metaanalyse, Ergebnisse),
5. eine Diskussion der Befunde mit Bezug zur Fragestellung und kritische Reflexion über Stärken und potenzielle Schwächen der verwendeten Methodik (Diskussion),
6. eine Konklusion, Implikationen und ein Ausblick (Konklusion).

---

16 https://www.fernuni-hagen.de/psychologie/docs/literaturarbeit.pdf (20.07.2020)

Die **Metaanalyse**[17] ist ein häufiger, statistischer Bestandteil eines Reviews. Systematische Übersichtsarbeiten, die festen Ein- und Ausschlusskriterien unterworfen sind, werden mittels systematischer Computersuche identifiziert, kombiniert und quantifiziert. Diese statistische Methode erlaubt dann eine Gesamtdarstellung von verschiedenen Studienergebnissen. Durch einen Publikationsbias können die Metaanalysen jedoch auch zu falschen Schlussfolgerungen führen.

In der Literatur werden die Begriffe „overview", „systematic review" und „meta-analysis" oft synonym verwendet. Da eine Metaanalyse aber lediglich ein statistisches Verfahren darstellt und ein Review nicht notwendiger Weise eine Metaanalyse beinhalten muss, sollte auf die korrekte Verwendung der Begriffe geachtet werden.

Auf die nachfolgend angeführten Punkte sollte bei der methodischen Vorgehensweise eingegangen werden:

Studiendesign: Auf folgende Fragen sollte eingegangen werden:

- Wird beschrieben, welches Studiendesign, d. h. systematische Übersichtsarbeiten oder Metaanalysen (Primäruntersuchungen quantitativ bzw. statistisch zu Metadaten zusammengefasst) aus welchem Grund gewählt wurde?
- Wurde die Begründung des Studiendesigns mit Zitaten belegt?
- Wird die methodische Vorgangsweise nachvollziehbar dargestellt, sodass eine intersubjektive Überprüfbarkeit möglich ist?
- Wird die Art der Literaturarbeit angeführt?
    - Allgemeines Review der theoretischen und empirischen Arbeiten in einem eingegrenzten Bereich und Auswertung in Bezug auf die Fragestellung.
    - Review als ein Instrument zur Analyse und Evaluation von spezifischen Prognosen aufgrund vorhandener Theorien oder konzeptioneller Modelle.
    - Review als Vergleich und Integration unterschiedlicher Forschungsergebnisse und Rahmenbedingungen aus anderen Subdisziplinen oder konzeptionellen Ansätzen.

---

17 https://refubium.fu-berlin.de/bitstream/handle/fub188/10780/05_chap05.pdf?sequence=6&isAllowed=y (28.12.2020)

- Im Mittelpunkt des Reviews steht ein neues konzeptionelles Modell, wobei die verfügbare Literatur in ein aussagekräftiges Gefüge gegliedert wird.

Datenerhebung: Folgende Fragen sollten beantwortet werden:

- Wird die Suchstrategie für die Literatursuche beschrieben?
- Werden die verwendeten Datenbanken, der Suchzeitraum, die formulierten Suchwörter sowie weitere Kriterien, welche für die Literatursuche verwendet wurden, angeführt?
- Erfolgt eine Angabe der Charakteristika der Studien und werden a priori festgelegte Ein- und Ausschlusskriterien für die Artikel/Studien/etc., welche für die Beantwortung der Forschungsfrage herangezogen wurden, verwendet?
- Wird eine möglicherweise vorhandene Heterogenität zwischen den Studien angeführt?
- Enthält die Arbeit auch eine Einschätzung der jeweiligen Studienvalidität?
- Wird eine umfangreiche Literatursuche in verschiedenen Literaturdatenbanken nach Studien zum Thema vorgenommen?
- Werden alle relevanten Artikel unabhängig von der Sprache der Publikation berücksichtigt, um eine Verzerrung zu vermeiden?
- Wird in den Literaturverzeichnissen der gefundenen Artikel und in Kongressbänden mittels Suchmaschinen im Internet nach unveröffentlichten Studien gesucht?
- Werden in der Zusammenfassung die wichtigsten Charakteristika der Einzelstudien in Übersichtstabellen dargestellt und auf diese Weise die Unterschiede zwischen den Studien bezüglich der untersuchten Daten deutlich gemacht?

Datenauswertung: Auf folgende Fragen sollte eingegangen werden:

- Wie wurden die Daten aus den einzelnen Studien/Artikeln/etc. extrahiert und analysiert?
- Wird die verwendete Methode zur Datenanalyse dargelegt?
- Wird mit einem Homogenitätstest sichergestellt, dass alle Studien den gleichen Effekt messen?
- Werden die Limitationen der jeweiligen Zusammenfassung diskutiert?
- Gibt es eventuell Tabellen mit den Effektschätzern (z. B. Odds Ratio oder Relatives Risiko) der Einzelstudien?

- Wird eventuell mit Sensitivitätsanalysen festgestellt, ob der Ausschluss einzelner Studien aus der Analyse einen Einfluss auf das Ergebnis des zusammengefassten Effektschätzers hat?
- Werden mögliche Vorgangsweisen bei der Datenauswertung anhand qualitativer/quantitativer Methoden angeführt?
  - Ordnung der Quellen nach inhaltlichen Aspekten, chronologisch, historisch konzeptionell, thematisch methodisch oder nach Fachdisziplin.
  - Herausarbeitung von Gemeinsamkeiten/Unterschieden in der Literatur.
  - Aufzeigen von Beziehungen, Widersprüchen, Lücken in der Literatur.
  - Auswertung der Daten in Bezug auf die Fragestellung anhand qualitativer (deskriptiv, tabellarisch) und/oder quantitativer Methoden (z. B. Häufigkeiten, gewichtete Effektstärken, Metaanalyse).
  - Diskussion der Befunde mit Bezug zur Fragestellung und kritische Reflexion über Stärken und potenzielle Schwächen der verwendeten Methodik.

Ergebnisse: Folgende Fragen sollten beantwortet werden:

- Wird angeführt, wie viele Studien/Artikel etc. durchsucht, überprüft und in die Studie eingeschlossen wurden?
- Wird eine Übersicht über die Charakteristika der einbezogenen Artikel/Studien/etc. gegeben?
- Werden die Ergebnisse der einzelnen Artikel/Studien etc. präsentiert und wird eine synthetisierte Darstellung der Ergebnisse gegeben?
- Werden eventuell weitere Analysen durchgeführt?
- Werden die Ergebnisse verständlich und deutungsfrei dargestellt?
- Werden die Ergebnisse eventuelle zu Thesen/Hypothesen verarbeitet?

Diskussion: Folgende Fragen sollten beantwortet werden:

- Werden die Schlüsselergebnisse aufbereitet und in Bezug zur Forschungsfrage gesetzt?
- Werden Ergebnisse eventuell kritisch mit anderer Literatur verglichen und diskutiert?
- Werden dabei eventuelle sowohl inhaltliche als auch methodische Aspekte diskutiert?
- Wird die Forschungsfrage beantwortet bzw. wird das Ziel erreicht?

- Führt die Beantwortung der Forschungsfrage zu neuen wissenschaftlichen Erkenntnissen?
- Werden am Ende der Diskussion auch die Limitationen der Studie diskutiert und beschrieben?

Schlussfolgerungen: Folgende Fragen sollten beantwortet werden:

- Werden aus der vorhandenen Literatur eigene Schlussfolgerungen gezogen?
- Erfolgen die eigenen Interpretationen unabhängig von den Erwartungen des Autors/der Autorin?
- Wird die eigene Interpretation der Ergebnisse mit alternativen Erklärungen verglichen?
- Wird begründet, was für die eigene Interpretation spricht?
- Haben die Schlussfolgerungen irgendeinen praktischen oder wissenschaftlichen Wert?
- Werden theoretische Implikationen dargelegt?
- Werden Implikationen für die Praxis dargestellt, d. h., wo und wie sich die Ergebnisse auswirken könnten?

Kritische Reflexion: Folgende Fragen sollten beantwortet werden:

- Wird die eigene Untersuchung (Methode und Erkenntnisse) kritisch reflektiert?
- Werden Vor- und Nachteile der eigenen Untersuchung und mögliche Fehler kritisch betrachtet?
- Wird eventuell ein anderer Weg zur Lösung des Problems aufgezeigt?
- Wird eventuell angeführt, ob und welche Probleme es gab?

Zur besseren Veranschaulichung der Ergebnisse der Literaturrecherche können diese in einer Tabelle zusammenfassend dargestellt werden (Tabelle 6). Die extrahierten Informationen werden in den Spalten dargestellt und orientieren sich immer an der jeweiligen Fragestellung der Arbeit.

Tabelle 6: Tabellarische Veranschaulichung der Ergebnisse
(eigene Darstellung)

Studie (Autor/innen, Jahr)	Forschungsfrage/ Zielsetzung	Methode	Stichprobe	Ergebnisse	Kommentare
Studie 1					
Studie 2					
Studie 3					

 Tipp:

- Denken Sie daran, die Ergebnisse auch zu beschreiben. Auch wenn die Grafiken oft selbstredend sind, ist eine Interpretation oder kurze Beschreibung des Ersichtlichen nötig.
- Seien Sie selbstkritisch in der Reflexion. Die Arbeit muss nicht perfekt sein, und es ist immer möglich, bestimmte andere Aspekte oder Perspektiven zu beleuchten, auszuweiten oder die Umfrage anders zu gestalten. Eine kritische Hinterfragung zeigt Selbstreflexion und Weitblick.

9 Literaturrecherche

Literaturrecherchen bilden einen zentralen Bestandteil aller wissenschaftlichen Arbeiten und zielen darauf ab, sich ein fundiertes Wissen hinsichtlich der wichtigsten Lehrbücher, Monografien, Zeitschriften, Institutionen und Autor/innen eines Fachgebietes anzueignen (Stoetzer, 2012, S. 19). Ausgangspunkt einer Literaturrecherche sind häufig Lexika, (Lehr-)Bücher oder Fachzeitschriften. Durch eine Sichtung der dort zitierten Literatur können schnell weitere Quellen ermittelt werden (Schneeballmethode). Haben Sie sich einen ersten Überblick über die wichtigsten Werke und Autor/innen im jeweiligen Fachgebiet verschafft, Ihr Thema konkretisiert (Kapitel 3) und Ihre Forschungsfrage formuliert (Kapitel 4.3), so können Sie zu einer zielgerichteten Literatursuche übergehen. Die Literatursuche erfolgt meist über verschiedene wissenschaftliche Suchmaschinen im Gegensatz zu allgemeinen Suchmaschinen. Bei einer zielgerichteten Literaturrecherche sollten folgende Schritte beachtet werden:

Verlauf einer zielgerichteten Literaturrecherche

1. Ableitung von Stichwörtern und Schlagwörtern aus der Forschungsfrage
2. Verknüpfung von Stichwörtern und Schlagwörtern mittels Boolescher Operatoren
3. Eingrenzung der Suche
4. Auswahl geeigneter Plattformen für die Recherche
5. Durchführung der Recherche
6. Sichtung der gefundenen Literatur
7. Beurteilung der gefundenen Literatur

9.1 Ableitung von Suchbegriffen aus der Forschungsfrage

Am Beginn der Recherche definieren Sie Suchbegriffe für Ihre Literaturrecherche. Dabei wird zwischen Stichwörtern und Schlagwörtern unterschieden.

Stichwörter (Keywords) sind zentrale Begriffe, die im Titel oder im Abstract der Arbeit vorkommen. Sie können direkt aus der Forschungsfrage entnommen werden. Andere Arbeiten, die sich mit einer ähnlichen Fragestellung beschäftigt haben, haben unter Umständen unterschiedliche Stichwörter für ihre Arbeit definiert. In einem zweiten Schritt identifizieren Sie Synonyme zu Ihren Stichwörtern. Synonyme sind inhaltsgleiche oder verwandte Begriffe.

Nachfolgend einige Empfehlungen für die Formulierung von alternativen Suchbegriffen (Synonymen):

- Sprache: Deutsch/Englisch,
- Unterschiedliche Schreibweise: organization, organisation,
- Gendergerechte Sprache: Mitarbeiter/innen, Mitarbeitende,
- Fachsprache/Umgangssprache: CPI, Teuerungsrate, Inflation,
- Länderspezifische Bezeichnungen: car, vehicle.

Schlagwörter (Subject Terms) beschreiben den Inhalt der Publikation. Werke in Bibliotheken, aber auch Artikel in Online-Datenbanken werden nach Schlagwörtern kategorisiert. Der Schlagwortindex oder Thesaurus bezeichnet eine Zusammenstellung von genormten Schlagwörtern und dient der Kategorisierung der Werke (Bücher, Zeitschriften). Der Standard-Thesaurus Wirtschaft (STW) enthält beispielsweise Vokabular zu allen ökonomischen Themenstellungen, aber auch zu benachbarten Bereichen wie Recht, Soziologie und Politik. Der Thesaurus-Wirtschaft wird von den meisten Universitätsbibliotheken im deutschsprachigen Raum verwendet und durch die Deutsche Zentralbibliothek für Wirtschaftswissenschaften bzw. das Leibniz-Informationszentrum Wirtschaft betreut. Über die Indexfunktion der Bibliotheken bieten diese Hilfestellung bei der Ermittlung geeigneter Schlagworte an. Suchen Sie nach der Funktion „Thesaurus", „Index Blättern" oder „Alphabetischer Index". Auch Online-Datenbanken verfügen über einen Thesaurus. Medizinische Datenbanken wie PubMED oder MEDLINE verwenden die sogenannten „MeSH"-Terms (Medical Subject Headings) als „Inhaltsverzeichnis", um die Millionen Artikel der Datenbank zu strukturieren. Schlagwörterverzeichnisse haben Über- und Unterkategorien. Wählen Sie Schlagwörter aus den Überkategorien, erweitern Sie die Anzahl Ihrer Suchergebnisse mit Schlagwörtern aus den Unterkategorien und grenzen Sie Ihre Suche ein.

Beispiele für die Ableitung von Stichwörtern, Synonymen und Schlagwörtern aus der Forschungsfrage:

Forschungsfrage:
Welche Vor- und Nachteile werden durch den Einsatz eines Customer Relation Managements hinsichtlich der Zufriedenheit auf Mitarbeiter/innen- und Kund/innenebene erzielt?

Stichwörter: Customer Relation Management, Mitarbeiterzufriedenheit, Kundenzufriedenheit

Synonyme: Customer Relationship Management, CRM, Kundenbeziehungsmanagement, Kundenzufriedenheitsanalyse, Mitarbeiterzufriedenheitsanalyse, Job Satisfaction, Employee Satisfaction, Customer Satisfaction, Client Satisfaction

Schlagwörter:
Marketing
    Marketingmanagement
        Kundenbindung, Kundenzufriedenheit

Forschungsfrage:
Inwieweit kann durch Work-Life-Balance-Maßnahmen die Bindung der Mitarbeiter/innen an das Unternehmen verbessert werden?

Stichwörter: Work-Life-Balance, Mitarbeiterbindung

Synonyme: Work-Family-Balance, Employee Retention, Staff Retention, Personnel Retention, Retention Management, Employee Loyalty

Schlagwörter:
Personalmanagement
    Personalmarketing
        Mitarbeiterbindung

9.2 Verknüpfung von Stichwörtern und Schlagwörtern mittels Boolescher Operatoren

Boolesche Operatoren werden verwendet, um Suchbegriffe miteinander zu verknüpfen. Der **AND-Operator** (UND) sucht nach Dokumenten, in denen beide Suchbegriffe vorkommen. Sie erhalten eine Schnittmenge der eingegebenen Suchbegriffe. Der AND-Operator führt daher zu einer Verringerung der Trefferzahl. In vielen Datenbanken ist der AND-Operator als Standardverknüpfung vorgegeben.

Beispiel: Mitarbeitende AND Verkauf

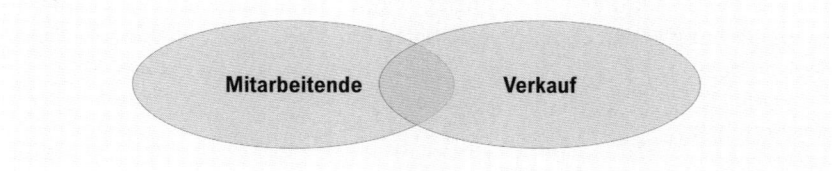

Abbildung 5: Suchanfrage Mitarbeitende AND Verkauf (eigene Darstellung)

Das Ergebnis beinhaltet nur jene Dokumente, in denen **beide** Begriffe – Mitarbeitende und Verkauf – vorkommen.

Der OR-Operator (ODER) sucht nach Dokumenten, in denen entweder einer oder beide Suchbegriffe vorkommen. Mit OR verbinden Sie ähnliche Suchbegriffe (z. B. Synonyme). Der OR-Operator führt zu einer Erhöhung der Trefferzahl.

Beispiel: employees OR personnel

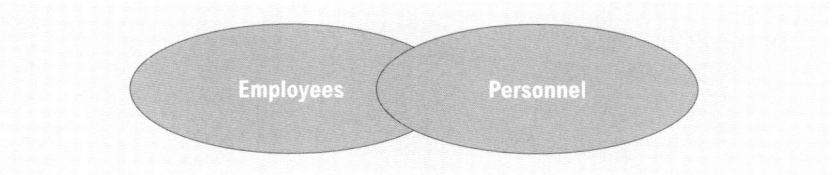

Abbildung 6: Suchanfrage für employees OR personnel (eigene Darstellung)

Das Ergebnis beinhaltet alle Dokumente, in denen **entweder** employees **oder** personnel **oder beide** Begriffe vorkommen.

Der NOT-Operator (NICHT) wird verwendet, wenn einer der beiden Suchbegriffe nicht in einem Dokument vorkommen soll. Mit NOT werden bestimmte Begriffe aus der Suche ausgeschlossen. Der NOT-Operator führt zu einer Verringerung der Trefferzahl.

Beispiel: Arbeitslosigkeit NOT Jugendliche

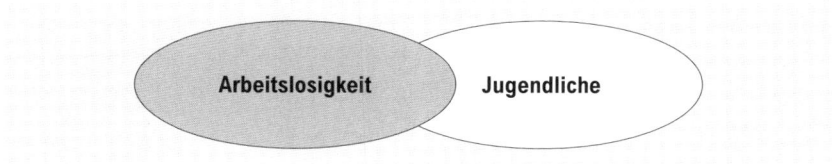

Abbildung 7: Suchanfrage für Arbeitslosigkeit NOT Jugendliche
(eigene Darstellung)

Das Ergebnis beinhaltet Dokumente, in denen der Begriff Arbeitslosigkeit, **aber nicht** der Begriff Jugendliche vorkommt. Beachten Sie, dass die Booleschen Operatoren **AND, OR** und **NOT großgeschrieben werden** müssen. Ansonsten werden „and", „or" und „not" wie Suchbegriffe behandelt.

Mittels der **Trunkierung** können Sie nach mehreren Schreibvarianten oder Endungen eines Wortes suchen. Die Trunkierung ersetzt bei einem Suchbegriff einen oder mehrere Buchstaben. Die Trunkierung können Sie am Wortanfang, am Wortende oder innerhalb eines Wortes einsetzen.

? ersetzt einzelne Buchstaben:
Beispiel: organi?ation, sucht nach organi**s**ation oder organi**z**ation

* ersetzt mehrere Buchstaben
Beispiele:
- customer relation* Management sucht nach „customer relation management" und „customer relation**ship** management"
- *redit sucht nach „**C**redit" und „**K**redit"
- Labo*r sucht nach „labor" und „labour"

Mittels der Trunkierung vergrößert sich die Anzahl der möglichen Begriffe, somit führt diese Technik zu einer Erhöhung der Trefferzahl. Viele Internetsuchmaschinen (z. B. Google) suchen automatisch nach Varianten der verwendeten Suchbegriffe. Überlegen Sie genau, an welcher Stelle des Wortes Sie trunkieren. Beispiele für weniger sinnvolle Trunkierungen sind „*ökonomie" oder „wirtschaft*". Sie würden unzählige Treffer erhalten, die Ihnen für eine zielgerichtete Suche nicht nutzen.

Sie können auch nach bestimmten Phrasen (Wortfolgen) suchen. Mittels der **Phrasensuche** verringern Sie die Trefferzahl und erhöhen die Relevanz der gefundenen Treffer. Die Phrasensuche setzen Sie ein, um nach genauen Wortfolgen zu suchen. Die Phrasensuche ist geeignet, wenn Sie nach einem mehrteiligen Suchbegriff oder Fachbegriff suchen. Dazu setzen Sie die gesuchte Wortfolge in Anführungszeichen:

Beispiele: „human resource management" oder „Kontinuierliche Qualitätsverbesserung"

Die meisten Datenbanken und Internetsuchmaschinen erkennen die Phrasensuche. Beachten Sie, dass mit der Phrasensuche exakt nach der eingegebenen Kombination gesucht wird. Bei einer Eingabe von „human resource management" würde ein Text mit „human resource" wegfallen.

In vielen Datenbanken und Internetsuchmaschinen ist es möglich, Suchbegriffe und Suchoperatoren mithilfe von runden Klammern zu gruppieren.

Beispiel: (Mitarbeitende OR Personal) AND Verkauf

Als Ergebnis der Suche werden alle Dokumente angezeigt, die die Worte Mitarbeitende oder/und Personal sowie das Wort Verkauf enthalten.

Abbildung 9 zeigt ein abschließendes Beispiel über die Ableitung von Stichwörtern und Schlagwörtern aus der Forschungsfrage und deren Verknüpfung mittels Boolescher Operatoren.

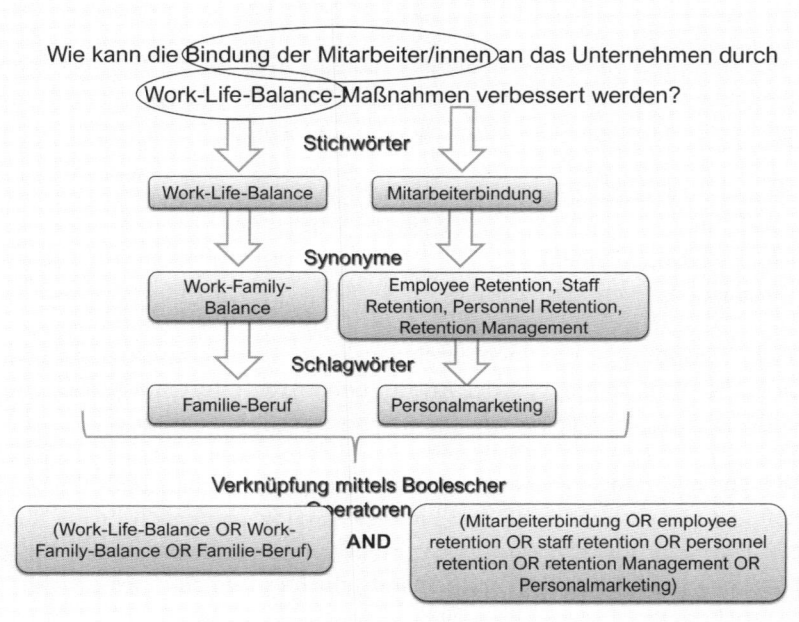

Abbildung 8: Verknüpfung von Suchbegriffen (eigene Darstellung)

9.3 Eingrenzung der Suche

In Zeiten des World Wide Web wird das Herausfiltern der für die eigene Fragestellung relevanten Literatur eine wahre Herausforderung. Sie können Ihre Suchergebnisse beispielsweise nach folgenden Kriterien eingrenzen:

- Erscheinungsjahr (Veröffentlichungen nach 2000),
- Geografische Eingrenzung (Veröffentlichungen aus dem EU-Raum),
- Methodik (qualitative Studien),
- Personengruppe (Mitarbeitende im Call-Center, Verkaufsmitarbeitende etc.),
- Branche (Anlagenbau, Pharmaindustrie, Versicherungen etc.),
- Sprache (Deutsch, Englisch),
- Publikationsart (Dissertation, Lehrbuch, wissenschaftlicher Fachartikel).

9.4 Auswahl geeigneter Plattformen für die Recherche

Literaturrecherchen werden heutzutage „online" durchgeführt, wobei unterschiedliche Plattformen oder Suchmaschinen zum Einsatz kommen. Grundsätzlich stützt sich eine Literaturrecherche auf folgende Beschaffungswege:

- Suche in Bibliothekskatalogen,
- Suche in der Elektronischen Zeitschriftenbibliothek,
- Suche in Datenbanken,
- Ergänzende Suche im Internet.

Welche Plattformen und Suchmaschinen in der Recherche eingesetzt werden, hängt vom Thema und der Art der benötigten Informationen (einführende Literatur, aktuelle Entwicklungen, statistische Daten) ab.

Bibliothekskataloge enthalten den gesamten physischen und elektronischen Bestand der Bibliothek. In Bibliothekskatalogen finden Sie in der Regel gedruckte oder elektronische Bücher und gedruckte Zeitschriften. Bibliothekskataloge bieten sich als erste Anlaufstelle für die Suche nach relevanten Fachbüchern an.

Öffentliche Bibliotheken erfassen die Werke unter verschiedenen Aspekten, z. B.:

- Vor- und Nachnamen des/der Autor/innen,
- (Titel-)Stichworte,
- Schlagworte.

Die **Elektronische Zeitschriftenbibliothek** eignet sich für die Suche nach facheinschlägigen E-Journals. Anhand der letzten Ausgaben eines E-Journals erhalten Sie einen Überblick über aktuelle Entwicklungen und Themen im jeweiligen Fachgebiet.

Datenbanken ermöglichen eine tiefere Recherche nach Aufsätzen und Artikeln aus wissenschaftlichen Zeitschriften, Fachmagazinen und Zeitungen sowie nach Primärdaten, wie Markt- oder Brancheninformationen oder statistische Daten. Universitätsbibliotheken geben in der Regel einen Überblick über ihr Datenbankangebot nach Fachgebiet (z. B. Architektur, Medizin und Gesundheitswissenschaften, Politikwissenschaften, Wirtschaftswissenschaften) bzw. nach Art der Informationen (z. B. Nachschlagewerke, Brancheninformationen, statistische Daten).

Datenbanken erfassen die Quellen unter ähnlichen Aspekten wie Bibliotheken:

- Vor- und Nachnamen des/der Autor/innen,
- Stichworte aus Titel bzw. Abstract,
- Schlagworte.

In Datenbanken können Sie die Suche nach formalen Kriterien wie Zugang, Publikationsart und Publikationsjahr einschränken. In der Regel geben Sie die gesuchten Suchbegriffe ein und erhalten danach eine Ergebnisliste, die Sie nach bestimmten Kriterien filtern können, z. B.:

Zugang: Filter *„only content I have access to"*
Die Ergebnisliste enthält jene Werke, die für die jeweilige Universitätsbibliothek im Volltext zugänglich sind.

Publikationsart: Filter *„Scholarly (Peer Reviewed) Journals"*
Die Ergebnisliste enthält nur Publikationen, die in wissenschaftlichen Zeitschriften mit Peer Review-Verfahren erschienen sind.

Publikationsjahr: *„from 2010 to 2020"*
Die Ergebnisliste enthält nur Publikationen, die zwischen 2010 und 2020 erschienen sind.
Durch derartige Einschränkungen können Sie die Trefferzahl erheblich reduzieren.
Neben der Nutzung der Online-Ressourcen der Bibliothek können Sie eine **ergänzende Suche im Internet** durchführen.

Es existieren mittlerweile **Spezialsuchmaschinen** mit wissenschaftlicher Ausrichtung wie beispielsweise
- **Google Scholar** ist eine Suchmaschine des Unternehmens Google und wird häufig für eine ergänzende Literaturrecherche nach wissenschaftlichen Dokumenten oder „grauer" Literatur eingesetzt.
- **BASE** (Bielefeld Academic Search Engine) ist eine der weltweit größten Suchmaschinen für wissenschaftliche Web-Dokumente.

Auf den Internetseiten von **politischen Organisationen** (Ministerien, Europäische Union, Weltbank, OECD, WHO, UN etc.) oder **Forschungsinstitutionen** (statistische Bundesämter) erhalten Sie aktuelle Branchen- und Marktinformationen und statistische Daten.

Ergänzende Methoden der Literatursuche:

- Suchen Sie gezielt nach Werken bekannter Autor/innen.
- Befragen Sie Expert/innen (Vortragende, Betreuer/innen, Lehrgangs-/Studiengangsleitung, themenverwandte Institute).
- Ziehen Sie die Literaturverzeichnisse der gesichteten Literatur als Ausgangspunkt für weitere Recherchen heran.

9.5 Beurteilung der gefundenen Literatur

Bei der Auswahl und Aufnahme von Literaturquellen in eine wissenschaftliche Arbeit sind deren Zitierfähigkeit und Zitierwürdigkeit entscheidend (Ebster & Stalzer, 2017, S. 66f.).

Die **Zitierfähigkeit** bezieht sich auf die Zugänglichkeit einer Quelle. Folglich geht es um die Möglichkeit des Auffindens und der dauerhaften Verfügbarkeit der Quelle. Grundsätzlich dürfen Sie in wissenschaftlichen Arbeiten nur Quellen verwenden, die zitierfähig sind. Zitierfähig ist eine Quelle dann, wenn folgende Kriterien erfüllt sind:

- Möglichkeit des Auffindens der Quelle,
- Dauerhafte Verfügbarkeit der Quelle,
- Identifizierbarkeit des Autors, der Autorin bzw. der Autor/innen.

Bei Büchern, wissenschaftlichen Fachzeitschriften, veröffentlichten Dissertationen ist die Zitierfähigkeit beispielsweise gegeben. Sogenannte „Graue Literatur" wie Forschungsberichte, Diplomarbeiten oder Masterarbeiten (bei ordentlichen Studien) wird nicht durch einen Verlag veröffentlicht und ist eingeschränkt zitierfähig. Informationen auf Websites im Internet sind öffentlich zugänglich, werden jedoch mitunter gelöscht. Studierenden wird empfohlen, graue Literatur und Informationen aus Websites zu archivieren und bei Bedarf dem/der Gutachter/in vorzulegen. Bei Quellen aus dem Internet notieren Sie das Datum, an dem Sie die Seite aufgerufen haben. Kursskripten oder nicht veröffentlichte Vortragsfolien sind nicht zitierfähig.

Zitierwürdigkeit bezieht sich auf die Qualität der gesichteten Literatur. In der Regel dürfen Sie nur Literatur für Ihre Arbeit verwenden, die den wissenschaftlichen Qualitätskriterien entspricht. Zur Beurteilung der Qualität der Literatur werden u. a. folgende Kriterien herangezogen:

- wissenschaftliche Fachliteratur vs. Populärwissenschaftliche Literatur (Praktikerbücher),
- Primärliteratur (wissenschaftliche Forschungsartikel) vs. Sekundärliteratur (z. B. Lehrbücher referenzieren sich hauptsächlich auf andere Literatur),
- „peer-reviewed" Literatur (von unabhängigen Fachgutachter/innen geprüft),
- veröffentlichte Literatur = von einem Verlag publiziert.

Die folgende Tabelle 7 dient als Orientierungsrahmen für die Zitierwürdigkeit unterschiedlicher Quellenarten.

Tabelle 7: Quellenarten und ihre Zitationswürdigkeit
(in Anlehnung an Peters & Dörfler, 2014, S. 293)

Quellenart	Zitationswürdigkeit	Anmerkung
Artikel in wissenschaftlichen Peer-Review-Zeitschriften	Uneingeschränkt	Erste Wahl für die Darstellung des aktuellen Forschungsstandes Strenge Qualitätskontrolle durch Fachgutachter/innen (Peer-Review)
Fachbuch (oder Buchbeitrag)	Uneingeschränkt	Tiefer Einblick in das Fachgebiet, Kombination aus Primär-/Sekundärliteratur, Verlag als Qualitätsindikator
(Forschungs-)Bericht aus Forschungseinrichtung oder Behörde, Organisation	Uneingeschränkt	Hohe Zitationswürdigkeit sofern anerkannte Forschungseinrichtung, Organisation oder Behörde; Autor/innen(gruppe) oft nicht identifizierbar
Veröffentlichte Dissertation	Eingeschränkt	Geeignet als „Best Practice", guter Überblick über Forschungsthema, aber Sekundärliteratur: für Zitationen besser Originalquelle beschaffen
Lehrbuch	Eingeschränkt	Guter Einstieg: Identifizierung wichtiger Vertreter/Werke im untersuchten Bereich, aber Sekundärliteratur: für Zitationen besser Originalquelle beschaffen
Fachlexikon	Eingeschränkt	Guter Einstieg: Definition/Erläuterung zentraler Begriffe, geeignet für die Identifizierung wichtiger Vertreter/Werke im untersuchten Bereich, aber Sekundärliteratur: für Zitationen besser Originalquelle beschaffen
Unveröffentlichte Abschlussarbeit	Eingeschränkt	Sollte nur zitiert werden, wenn keine andere Quelle für diesen Inhalt vorhanden ist Qualität der Arbeit fraglich
Internet	Eingeschränkt	Abhängig von der dauerhaften Verfügbarkeit, der Identifizierung der Autorin/des Autors/der Autor/innengruppe
Zeitungsartikel	Nicht zitationswürdig	Ausnahme: Autor/in möchte darauf hinweisen, dass das Thema gerade hohe Aktualität/Relevanz besitzt
Artikel in Publikumszeitschrift	Nicht zitationswürdig	Ausnahme: Autor/in möchte darauf hinweisen, dass wissenschaftliche Sachverhalte falsch dargestellt werden
Wikipedia, Blog, Forenbeitrag	Nicht zitationswürdig	Fragliche Beitragsqualität, Anonymität der Autor/innen, keine klare Qualitätskontrolle, ständige Veränderungen
Seminararbeiten, Skripten, Folien	Nicht zitationsfähig	

Wissenschaftliche Fachartikel besitzen die höchste Zitationswürdigkeit. Darin werden aktuelle Forschungsergebnisse veröffentlicht. Daher spiegeln sie den aktuellsten Stand der Forschung wider. Wissenschaftliche Fachartikel durchlaufen eine systematische Qualitätskontrolle durch Fachgutachter (Peer-Review). Im Literaturverzeichnis finden Sie zahlreiche Hinweise auf die wichtigsten Vertreter und weitere Forschungsartikel im betreffenden Themenfeld. Besonders nützlich sind Metaanalysen. Diese bieten einen Überblick über den aktuellen Stand der Forschung und liefern Beispiele für eine umfassende Literaturrecherche und –Auswertung. Fachzeitschriften mit der Bezeichnung „*Review*" im Titel haben sich auf die Veröffentlichung von Metaanalysen spezialisiert.

Lehrbücher bieten einen guten Einstieg in das Themengebiet und liefern Hinweise auf wichtige Werke und Vertreter. Sie enthalten hauptsächlich Sekundärliteratur. Es empfiehlt sich, die Originalquellen zu besorgen. **Fachbücher** (Monografien) und **Buchbeiträge** (Beiträge in Sammelbänden) bieten einen tieferen Einblick in das Themengebiet. Sie enthalten meist eine Kombination aus Primär- und Sekundärliteratur. Daher wird ihre Zitierwürdigkeit höher eingestuft als Lehrbücher. Grundsätzlich sollten Sie bei Büchern die aktuellsten Auflagen bevorzugen. Ältere Texte können sie hinzuziehen, wenn das ursprüngliche Zitat aus der Primärquelle verwendet wird.

Haben Sie ein interessantes Werk identifiziert, so studieren Sie das Inhaltsverzeichnis, informieren Sie sich über die Bibliografie der Autorin/des Autors, weitere Veröffentlichungen der Autorin/des Autors, Anzahl der veröffentlichten Auflagen/Exemplare an der Bibliothek. All diese Informationen enthalten Hinweise über die Qualität und Relevanz des Werkes. Auch über den Verlag können Sie Rückschlüsse über die Qualität des Werkes ziehen. Tabelle 8 liefert einen Überblick über renommierte deutschsprachige und englischsprachige Verlage im Bereich Wirtschafts- und Sozialwissenschaften.

Tabelle 8: Renommierte deutschsprachige und englischsprachige Verlage (eigene Darstellung)

Deutschsprachige Verlage	Englischsprachige Verlage
– Pearson – Gabler-Springer – Kohlhammer – Vahlen – Schäffer-Poeschel	– Universitätsverlage wie Cambridge, Harvard, Princeton, Oxford University Press – Palgrave Macmillan – Routledge – Sage – Wiley

In Ihrer Recherche werden Sie mitunter auf sogenannte **populärwissenschaftliche Literatur** stoßen. Diese richtet sich vornehmlich an Praktiker/innen. Bekannte Bücher sind auch auf Universitätsbibliotheken zu finden. Grundsätzlich ist es möglich, auch diese Werke in die Literaturrecherche miteinzubeziehen, sofern auch qualitativ höherwertige Literatur verarbeitet wird. Beachten Sie, dass Sie für Ihre wissenschaftliche Arbeit den Sprachstil abändern müssen. Populärwissenschaftliche Literatur erkennen Sie an folgenden Merkmalen:

- Geringere Voraussetzungen der adressierten Leser/innenschaft in Bezug auf das Vorwissen,
- Reißerischer Titel,
- Normativer Sprachstil (Handlungsanweisungen, die nicht belegt sind),
- Fehlende/unvollständige Quellenangaben.

Dissertationen haben einen stärkeren Fokus auf die empirische Forschung. Werden sie durch einen Verlag veröffentlicht, so ist dies ein wichtiger Qualitätsindikator. Sie liefern einen guten Überblick über das Forschungsthema und können als Beispiel für die Strukturierung einer wissenschaftlichen Arbeit sowie die Darstellung und Vorgangsweise einer empirischen Untersuchung dienen. Auch hier empfiehlt es sich, die Originalliteratur zu beschaffen.

Fachlexika wie das Gabler Wirtschaftslexikon oder *„The New Palgrave Dictionary of Economics"* enthalten Begriffsdefinitionen und kurze Erläuterungen zentraler Begriffe. Zudem liefern sie Hinweise auf wichtige Werke und Autor/innen im jeweiligen Fachbereich. Weiterhin gilt: Beschaffen Sie sich die Originalliteratur.

Forschungsberichte von **Universitäten, Forschungsinstitutionen, politischen Organisationen** (Ministerien, Europäische Union, Weltbank, OECD, WHO, UN etc.) gelten als zitationswürdig, sofern es sich um eine anerkannte Universität, Forschungsinstitution oder politische Organisation handelt. Wenn möglich, geben Sie die Autorin, den Autor oder die Autorengruppe (Autor/innengruppe) an. Vorsicht ist bei Berichten von Unternehmensberatungen geboten. Hier sollten Sie genau recherchieren, wie und zu welchem Zweck die Daten generiert wurden.

Printmedien (Zeitungen und Magazine) enthalten Berichte über aktuelle Entwicklungen und Ereignisse. Das Zielpublikum ist die Allgemeinheit und nicht ein Fachkollegium. Printmedien können in wissenschaftlichen Arbeiten verwendet werden, um die Aktualität und Relevanz des Themas zu unterstreichen (z. B. in der Problemstellung). Ansonsten gelten sie als nicht zitierwürdig.

Wikipedia besticht durch die Aktualität und schnelle Verfügbarkeit von Wissen, die Qualität der Beiträge kann stark variieren. Aus folgenden Gründen gelten die Beiträge als nicht zitierwürdig (Stroetzer, 2012, S. 56):

- Anonymität der Autor/innen,
- Keine klaren Inhaltskontrollen,
- Ständige Veränderung und Aktualisierung,
- Teilweise mangelnde und ungenügende Literatur- und Quellennachweise,
- Teilweise oberflächliche, unkritische und persönliche Meinungen einzelner Autor/innen,
- Teilweise falsche und irreführende Informationen zu Fakten.

Checkliste für die Bewertung der gesichteten Literatur:

- Ist ein Literaturverzeichnis angegeben?
- Finden sich Quellenangaben? Ist die Zitierweise korrekt?
- Ist der/die Autor/in identifizierbar? Ist aus der Bibliografie der Autorin/ des Autors die Fachkompetenz ersichtlich?
- Handelt es sich um einen renommierten, anerkannten Verlag?
- Wann wurde die Literatur veröffentlicht? Wie aktuell ist die Literatur?
- Wer ist die Zielgruppe? Expert/innen vs. Lai/innen
- Wie ist der Schreibstil der Publikation? Objektiv, wissenschaftlich oder subjektiv, wertend?
- Wie ist das Verhältnis zwischen Primär- und Sekundärliteratur?

Checkliste für die Bewertung von Internet-Quellen
(Stötzer, 2012, S. 126):

- **Intention**
    - Wurde die Website erstellt, um bestimmte Interessen zu vertreten?
    - Dient sie der Vermarktung eines Produktes oder einer Dienstleistung?

- **Verfasser/in**
    - Wer ist für den Inhalt der Website verantwortlich?
    - Handelt es sich um eine Privatperson, ein Unternehmen, eine staatliche Behörde, eine Forschungseinrichtung, einen Verband usw.?
    - Wer hat die Informationen bereitgestellt bzw. geschrieben?
    - Existiert ein/e namentlich genannte/r Autor/in?

- **Formale Qualität**
    - Worauf basieren die Informationen der Website?
    - Existieren nachprüfbare Quellennachweise?
    - Werden Links zu thematisch einschlägigen Quellen (auch mit konträren Auffassungen) bereitgestellt?
    - Sind Aufbau und Gliederung der Website klar und nachvollziehbar?

Tipp:

- Erkundigen Sie sich bei Ihrer Betreuerin/Ihrem Betreuer nach den wichtigsten Werken und Autor/innen im betreffenden Themengebiet.
- Durchsuchen Sie die Literaturverzeichnisse der relevantesten Werke, die Sie bisher gefunden haben.
- Die Basis der verwendeten Literatur bilden in der Regel Fachbücher und aktuelle Forschungsartikel. Je nach Themenstellung werden diese durch Praktiker/innenliteratur, Internetquellen, statistische Daten etc. ergänzt.
- Sie müssen nicht jedes Fachbuch vom ersten bis zum letzten Kapitel lesen, es genügt, die Lektüre der Einleitung (Inputs für die Formulierung der Problemstellung) und der inhaltlich relevanten Kapitel.
- Grundsätzlich sollten Sie immer die aktuellsten Auflagen verwenden, Definitionen können aus älteren Werken (Originalliteratur) entnommen werden.

10 Zitierweise

In diesem Kapitel gehen wir zunächst auf das indirekte und wörtliche Zitat im Fließtext ein, wobei wir uns für die APA-Zitierweise entschieden haben. Anschließend folgt dann die Zitierweise im Literaturverzeichnis.

10.1 Zitierweise im Fließtext

Zitate und Literaturangaben dienen dazu, die Aussagen im Text nachvollziehbar und die Quelle rasch auffindbar zu machen. In den unterschiedlichen Wissenschaftsdisziplinen haben sich verschiedene Zitationsstile etabliert. Für die Wirtschafts- und Sozialwissenschaften empfehlen wir die Zitierrichtlinie nach dem Harvard-System oder die APA-Zitierweise. Bei diesem Zitierstil werden die Quellenangaben in Form eines Kurzzitats (Name, Jahr, Seitenzahl) im fortlaufenden Text an die Stelle gesetzt, an dieser sie eine Aussage belegen. Bei einer Verwendung des Kurzzitats im Text sollten keine Fußnoten gesetzt werden.[18] Eine vollständige Literaturangabe findet sich im Literaturverzeichnis. Dort kann über die Namen der Autor/innen, das Erscheinungsjahr und den Verlag die entsprechende Literatur ausfindig gemacht werden.

Bitte beachten Sie:
(1) Es wird zwischen wörtlichen und sinngemäßen Zitaten unterschieden.
(2) Grundsätzlich sind alle Inhalte zu kennzeichnen, die der/die Verfasser/in wörtlich (direktes Zitat) oder sinngemäß (indirektes Zitat) aus anderen Werken übernommen hat. Es sollten möglichst nur Textstellen aus Originalquellen zitiert werden. Wenn die Originalquelle nicht zugänglich ist, müssen beim Zitieren sowohl Original- als auch Sekundär-

---

18 Fußnoten können gesetzt werden, wenn sie ergänzende Anmerkungen zum Haupttext, Kommentare zu Zitaten oder Ergänzungen (beispielhafte Aufzählungen, weitere Literaturempfehlungen, Definitionshinweise und dgl.) enthalten. Derartige persönliche Anmerkungen oder zusätzliche Erläuterungen sollten auf das Wesentliche beschränkt werden. Dabei sollte unbedingt geprüft werden, ob sie nicht in knapper Form in den laufenden Text integriert werden oder überhaupt entfallen können. In keinem Fall aber sollten sie zu einem Abladeplatz für übriggebliebene Materialien werden, die nicht ganz zum Thema passen, jedoch nicht aufgegeben werden, um zu zeigen, dass auch in Randbereichen Informationen gesammelt wurden. Die Qualität des Inhalts sollte immer bedeutsamer als der Umfang sein. Qualität geht also vor Quantität.

quelle angegeben und als solche gekennzeichnet werden, indem zuerst die Originalquelle und dann, nach dem Zusatz „zitiert nach", die Sekundärquelle angegeben wird. Beide Quellen (Originalquelle und Sekundärquelle) sind im Literaturverzeichnis anzuführen.

(3) Wörtliche Zitate (direkte Zitate) sind durch Anführungszeichen zu markieren. Sinngemäß übernommene Aussagen (indirekte Zitate) werden nicht durch Anführungszeichen gekennzeichnet, sind aber ebenfalls nachzuweisen.

(4) Wörtliche Zitate sollten nur gezielt eingesetzt werden, beispielsweise bei Begriffsdefinitionen oder um bestimmte Positionen von Autoren und Autorinnen darzulegen.

(5) Wenn Sie nicht der Meinung der zitierten Autorin/des zitierten Autors sind, dann weisen Sie ausdrücklich darauf hin: Die Autorin/der Autor möchte der Aussage Müllers, …, entgegenhalten, dass …

(6) Querverweise auf den eigenen Text werden mit „siehe oben" oder „siehe unten" bzw. mit Angabe der Seitenzahl, siehe dazu „Kap. 4.3.1", kenntlich gemacht.

(7) Es sollte bei wissenschaftlichen Arbeiten ausschließlich aus publizierten Werken zitiert werden. Daher sollten Lehrgangsunterlagen wie Skripten und Vorlesungsmitschriften nicht zitiert werden (Aufwärtsregel: Es dürfen nur höherwertige Werke zitiert werden).

Bei der Auswahl und Aufnahme von Literaturquellen in eine wissenschaftliche Arbeit sind deren Zitierfähigkeit und Zitierwürdigkeit entscheidend (siehe Kapitel 9.5).

Die nachfolgend angeführten Zitierregeln nach den Richtlinien der American Psychological Association (APA) werden von vielen Hochschulen/Universitäten für schriftliche Arbeiten empfohlen. Im Jahr 2020 erschien die siebente Ausgabe des Publication Manuals der American Psychological Association kurz APA (APA, 2020). Verschiedene Universitäten haben die APA-Zitierweise auszugsweise ins Deutsche übersetzt. Bitte beachten Sie, dass sich viele der im Internet aufrufbaren deutschen Übersetzungen noch auf die vorangegangene Version 6 der APA beziehen können.

- Grundlage der folgenden Regeln sind die Richtlinien der APA (2020), Version 7.
- Diese Regeln haben Gültigkeit für alle natur- und sozialwissenschaftlichen Fächer, d. h. für alle internationalen Publikationen und Fachzeitschriften in diesem Bereich.
- Die deutsche Gesellschaft für Psychologie hat dazu im Jahr 2007 Richtlinien zur Manuskriptgestaltung herausgegeben. Diese beziehen sich allerdings auf eine ältere Version der APA-Richtlinien.
- Der Quellenverweis mittels Kurzbeleg im Text verweist auf die vollständige Angabe im Literaturverzeichnis.
- Das Zitat oder der jeweilige Beleg muss für die Leser/innenschaft überprüfbar und einwandfrei nachvollziehbar sein.
- Literaturverwaltungsprogramme wie EndNote oder Citavi können bei der Erstellung der Literaturverzeichnisse unterstützen.

10.1.1 Das indirekte Zitat

Fehlende Angaben zur Autor/innenschaft: Es werden die ersten Wörter des Titels angeführt oder der gesamte Titel, wenn er kurz ist. Der Titel wird in Klammern gesetzt:

Beispiele:
This research highlights the debate around nuclear weapons ("Nuke Test Inquiry," 2009).
This definition ("Collins Concise New Zealand Dictionary," 2008) shows ...

Wenn der Titel eine Publikation ist, wird er in Kursivschrift im Text angeführt.
Beispiel: This definition from the *Collins Concise New Zealand Dictionary* (2008) shows ...

- **Ein/e Autor/in**

Ein/e Autor/in wird häufig nur sinngemäß, nicht wörtlich zitiert.
  - Ein indirektes Zitat steht nicht zwischen Anführungszeichen.
  - Ein „vgl." wird vermieden mit Ausnahme auf Verweise zu mehreren Studien.

Die Quellenangabe wird immer vor dem Satzzeichen angegeben.
Beispiel: ... ist eine spezielle Vorgehensweise (Bartlett, 1932, S. 14).

Drei Möglichkeiten des Kurzbelegs bei einer Einzelautorin/einem Einzelautor:
(1) eine frühe Beschäftigung mit diesem Phänomen (Bartlett, 1932)
(2) schon Bartlett (1932) beschäftigte sich mit diesem Phänomen
(3) Bereits 1932 beschäftigte sich Bartlett mit diesem speziellen Phänomen

- **Bei zwei Autor/innen eines Textes → beide zitieren.**

Beispiel: (Blondin & Waller, 2006)

In einem Satz wird „und" zwischen den Autor/innen verwendet.
Beispiel: Walker und Allen (2004) argumentieren, dass ….

- **Bei mehr als zwei Autor/innen→** generell immer nur die erste Autorin/ den ersten Autor zitieren.

Beispiel: (Baschek et al., 2001)

- **Bei mehreren Quellen** → die verschiedenen Quellen werden durch ein Semikolon getrennt und alphabetisch sortiert.

Beispiel: Mehrere Studien (Murray, 1970; Smith et al., 1990) … belegen, dass …

- Sekundärzitat

Eine sekundäre Zitation liegt vor, wenn Informationen oder Zitate zitiert werden, bei denen sich die betreffende Autorin/der betreffende Autor auf eine Quelle bezieht, die sie/er selbst nicht gelesen hat. Angeführt wird der Name der Autorin/des Autors der originären Arbeit im Fließtext. Es folgt dann eine Zitierung der sekundären Quelle in Klammern „zitiert nach …, 1993"). Sekundärliteratur sollte die Ausnahme sein! Die Quellen sind zu kennzeichnen.

Beispiele für ein Sekundärzitat: In einer Studie von Piaget (1968, zitiert nach Berk, 2005, S. 76) … Berk wird im Literaturverzeichnis vollständig aufgelistet, Piaget nicht

Seidenberg and McClelland's study, conducted in 1990 (as cited in Coltheart et al., 1993), shows that …
… as some studies show (Seidenberg & McClelland, as cited in Coltheart et al., 1993).

- **Anonyme/r Autor/in**
  Beispiel: (Anonymous, 2016)

- **Korporative Autor/innen**
  (z. B. Öffentliche Einrichtungen/Organisationen)

  Allgemein bekannte/r korporative/r Autor/in
  Erste Zitation:
  Beispiel: The research indicates (Inland Revenue Department [IRD], 2007) …
  Nachfolgende Zitationen:
  Beispiel: … suggested by recent statistics (IRD, 2010).

- **Nicht abgekürzte korporative Autor/innen**

  Die korporative Autorin/der korporative Autor wird immer voll ausgeschrieben, wenn die Abkürzung nicht allgemein bekannt ist.
  Beispiel: … on student retention (The University of Auckland, 2010) …

- **Zitate mit Fehlern**

  Ein [*sic*] wird nach dem falsch geschriebenen Wort eingefügt. Sic sollte kursiv und in Klammern geschrieben werden.
  Beispiel: "Sickness occurred even when reel [*sic*] drugs were administered" (Miele, 1993).

- **Seitenbereiche**[19]

  Für Seitenbereiche wird ein Halbgeviertstrich (Strg gedrückt halten und ein Minus auf dem Ziffernblock anklicken) verwendet. Ein Halbgeviertstrich (–) ist länger als ein Bindestrich (-). Es werden keine Leerzeichen zwischen dem Halbgeviertstrich und der Seitennummer gesetzt.
  Beispiel: (S. 15–30)

---

[19] http://aut.ac.nz.libguides.com/APA6th/intextcitation (25.05.2020)

Zusammenfassung

Autor/innen	Zitation im Text	Folgende Zitationen im Text	Literaturverzeichnis
– 1-2	– Alle Autor/innen	– Alle Autor/innen	– Beide Autor/innen
– > 2	– Erste/r Autor/in et al.	– Erste/r Autor/in et al.	– Alle Autor/innen
Korporative Autor/innen (wenn abgekürzt)	in einem Satz: Ministry of Health (MoH, 2009) in Klammern: (Ministry of Health [MoH], 2009)	in einem Satz: MoH (2009) in Klammern: (MoH, 2009)	Ministry of Health

10.1.2 Das wörtliche Zitat

Wörtliche Zitate sind wortgetreu wiederzugeben und zwischen Anführungszeichen zu setzen.

Beispiele für ein wörtliches Zitat: Höhere Bildung ist die „Summe erweiterter materieller und ideeller Lebenschancen" (Wehler, 1980, S. 127).
He argued for what he called "a new intellectual framework" (Smith, 2001, p. 378).
Smith (2001) argued that "…" (p. 378).
As she postulated, "…" (Jones, 2010, pp. 111–112).

- **Zitationen in der Mitte eines Satzes:**

Smith (2001) found that "…" (p. 378), which contributed to the final negative outcome.
Wichtig: Die Angabe der Seitenzahl ist dabei unabdingbar.

- **Wörtliche Zitate von mehr als 40 Wörtern**
    - Die Zitation beginnt mit einem Doppelpunkt
    - Die Zitation erfolgt mit einem eigenen Absatz ohne Anführungszeichen
    - Den Text einrücken
    - Bei fehlenden Wörtern in einem Satz werden drei Auslassungspunkte (…) gesetzt
    - Seitenzahl in Klammern nach dem Punkt des Zitats

Beispiel für ein Blockzitat:
Traxel (1974) gibt folgende Umschreibung:
Die Psychologie von heute versteht sich als eine Erfahrungswissenschaft. Diese Feststellung gilt insofern allgemein, als sich sämtliche gegenwärtig bestehenden Richtungen der Psychologie auf die Erfahrung als ihre Grundlage berufen, auch wenn sie im einzelnen (*sic*) die Erfahrungsdaten auf verschiedene Art gewinnen und sie unterschiedlich verarbeiten (S. 15).

Außer bei Blockzitaten wird bei wörtlichen Zitaten die Quellenangabe vor dem Satzzeichen genannt!

- **Betonung hinzufügen**

Wenn Sie nicht der/die Autor/in sind, eine Betonung im Zitat hinzufügen möchten, so werden die betreffenden Wörter kursiv geschrieben und dann folgt in Klammer [Betonung hinzugefügt].
Beispiel: "Futhermore, the behaviours were *never exhibited again* [Betonung hinzugefügt], even when the correct dosage was given" (Miele, 1993, p. 45).

- **Werk mehrmals auf einer Seite genannt**

Wird ein Werk auf einer Seite mehrmals aufeinander folgend als Quelle verwendet, so kann anstelle der wiederholten Angaben der Autorin/des Autors und der Jahreszahl die Abkürzung „ebd." oder „ebda." (= ebenda) verwendet werden: vgl. ebd., S. 38 oder ebda., S. 31.

Mit ebd. wird zitiert, wenn die vorherige Quellenangabe
- im gleichen Absatz oder
- auf der gleichen Seite zu finden ist.

Nicht empfohlen wird die Verwendung von ebd.
- als erste Quelle einer neuen Seite oder
- bei zu häufiger Nutzung, z. B. fünfmal hintereinander.

10.2 Zitierweise im Literaturverzeichnis

Das **Literaturverzeichnis** gehört gewöhnlich nicht mehr zu den geforderten Seitenzahlen einer Arbeit. Im Literaturverzeichnis werden alle Quellen angeführt, auf die im Fließtext ein Bezug erfolgt, außer persönliche Kommunikationen (Konversationen oder E-Mails), die nicht mehr abgerufen werden können. Das Literaturverzeichnis ist alphabetisch nach dem Familiennamen der Autor/innenschaft zu sortieren. Die angeführten Angaben im Literaturverzeichnis werden jeweils durch Komma voneinander abgetrennt, solange kein anderes Satzzeichen (z. B. Doppelpunkt) vorgeschrieben ist. Dabei gilt es zu beachten, dass die gewählte Methode im gesamten Literaturverzeichnis beibehalten wird. Am Ende eines Eintrags im Literaturverzeichnis wird ein Punkt gesetzt

In der **Bibliografie** werden alle Quellen angeführt, die während der Forschungstätigkeit durchgesehen wurden, auf die aber kein Bezug im Fließtext erfolgte.

Allgemeines zum Literaturverzeichnis
- **Alle verwendeten Materialien sind anzuführen:**
    - Literaturquellen werden nach Autorennamen alphabetisch geordnet (innerhalb einer Autorin/eines Autors chronologisch – mit ältester Quelle zuerst).
    - Grundsätzlich wird nicht nach Quellentyp unterschieden (Ausnahmen bilden je nach Richtlinien Internetquellen oder Gesetzestexte).
    - Literaturquellen werden ohne Aufzählungszeichen angeführt (ein hängender Einzug ist meist üblich).
    - Alle Angaben müssen unbedingt richtig und vollständig sein!
    - Jede Literaturangabe enthält üblicherweise: Autor/in und Autor/innen, Erscheinungsjahr, Titel, Erscheinungsangaben.

- **Bücher**

Autor/in, A. (Jahreszahl). Titel des Werkes. Verlag.
Beispiel:
Bourdieu, P. & Passeron, J. C. (1971). *Die Illusion der Chancengleichheit*. Klett.

Zusatzinformationen zum Titel wie z. B. „2. Auflage" oder „3. Band" → hinter dem Titel (nicht kursiv, da Teil vom Titel).
Beispiel:
Brockett, O. (1987). *History of the theatre* (5. Aufl.). Allyn and Bacon.

- **Herausgeberwerk:**

Beispiel:
Berg, T. (Hrsg.). (2002). *Moderner Wahlkampf: Blick hinter die Kulissen*. Leske + Budrich.

- **Buchkapitel oder -beitrag:**

Autor/in, A. (Jahreszahl). Titel des Kapitels. In B. Autor/in (Hrsg.), *Titel des Werks* (Seitenzahl). Verlag.
Beispiel:
Sander, E. (1997). Der Stereotyp des schlechten Schülers: Literaturüberblick. In F. E. Weinert & A. Helmke (Hrsg.), *Entwicklung im Grundschulalter* (S. 261–271). Hogrefe.

- **Zeitschriftenartikel**

Autor/in, A., Autor/in, B., & Autor/in, C. (Jahreszahl). Titel des Artikels. *Titel der Zeitschrift*, *Ausgabe*, Seitenzahl.
Beispiel:
Reichle, B., & Gloger-Tippelt, G. (2007). Familiale Kontexte und sozial-emotionale Entwicklung. *Kindheit und Entwicklung*, *16* (4), 199–208.

- **Dissertationen**

Beispiel:
Köster, J. (2010). *Journalistisches Qualitätsmanagement, das wirkt?* Unveröffentlichte Dissertation, Technische Universität Ilmenau.

- **Inhalte einer Website**

Beispiele:
Landesinstitut für Lehrerbildung und Schulentwicklung (2011). *Family Literacy (FLY)*. Verfügbar unter https://li.hamburg.de/publikationen-2011/ (06.03.2021).

Bitte beachten Sie:

Laut den Zitierregeln APA 7 muss das Abrufdatum nur angegeben werden, wenn dies notwendig ist (z. B. bei Wikipedia-Artikeln, da diese sich regelmäßig ändern). Viele Betreuer/innen, Begutachter/innen und Verlage verlangen allerdings weiterhin die Angabe des Abrufdatums. Wir empfehlen Ihnen, das Abrufdatum anzugeben bzw. die Richtlinien Ihrer Hochschule/Universität oder Ihres Instituts dahingehend zu überprüfen.

- **Zitieren von Folien oder Unterlagen** (Moodle, MS Teams, Intranet)

Dies ist nur bedingt empfohlen, wird jedoch zunehmend angewendet.
Beispiel:
Krczal, A. (2016, 6. Juni). Einführung in das wissenschaftliche Arbeiten [Vorlesungsfolien]. Abgerufen von https://moodle.donau-uni.ac.at/

- **Ein/e Autor/in mit mehreren Publikationen im selben Jahr**

Rush, E., McLennan, S., Obolonkin, V., Cooper, R., & Hamlin, M. (2015a). Beyond the randomised controlled trial and BMI--evaluation of effectiveness of through-school nutrition and physical activity programmes. *Public Health Nutrition*, *18*(9), 1578–1581. https://doi.org/10.1017/S1368980014003322

Rush, E. C., Obolonkin, V., Battin, M., Wouldes, T., & Rowan, J. (2015b). Body composition in offspring of New Zealand women: Ethnic and gender differences at age 1–3 years in 2005–2009. *Annals Of Human Biology*, *42*(5), 492–497.

- **Zwei Autor/innen** (ein Artikel in einer Zeitschrift mit DOI)

Beispiele:
Li, S., & Seale, C. (2007). Learning to do qualitative data analysis: An observational study of doctoral work. *Qualitative Health Research*, *17*(10), 1442–1452. https://doi.org/10.1177/1049732307306924

Bourdieu, P., & Passeron, J. C. (1971), *Die Illusion der Chancengleichheit,* Klett.

- **Drei Autor/innen oder mehr** (Es wird ein „&" vor der letzten Autorin/dem letzten Autor verwendet)

Beispiele:
Barnard, R., de Luca, R., & Li, J. (2015). First-year undergraduate students' perceptions of lecturer and peer feedback: A New Zealand action re-

search project. *Studies In Higher Education*, *40*(5), 933–944. https://doi.org/10.1080/03075079.2014.881343

Lazarsfeld, P.F. Berelson, B., & Gaudet, H. (1968), *The people's choice: How the voter makes up his mind in a presidential campaign*, Columbia University Press.

- **Mehr als 20 Autor/innen** (Die ersten 19 Autor/innen, dann die letzte Autorin/der letzte Autor. Es folgen das Jahr und andere Informationen.)

Beispiel:
Kasabov, N., Scott, N. M., Tu, E., Marks, S., Sengupta, N., Capecci, E., . . . Yang, J. (2016). Evolving spatio-temporal data machines based on the NeuCube neuromorphic framework: Design methodology and selected applications. *Neural Networks, 78*, S. 1–14. https://doi.org/10.1016/j.neunet.2015.09.011

- **Zusatzinformationen zum Titel**

wie z. B. „2. Auflage" oder „3. Band" → hinter dem Titel (nicht kursiv, da nicht Teil vom Titel).

Beispiel:
Brockett, O. (1987) *History of the theatre* (5. Aufl.) Allyn and Bacon.

- **Sekundärzitationen im Literaturverzeichnis**

Die sekundäre Quelle wird im Literaturverzeichnis angeführt.

Beispiel:
Coltheart, M., Curtis, B. Atkins, P., & Haller, M. (1993). Models of reading aloud: Dual-route and parallel-distributed-processing approaches. *Psychological Review*, 100, 589–608.

10.3 Digital Object Identifier und Uniform Resource Locator

Ein Digital Object Identifier (DOI) System ist ein verwaltetes System für die persistente Identifikation von Inhalten, die in digitalen Netzwerken angeboten werden. Es kann für die Identifizierung von physikalischen, digitalen oder anderen Objekten benutzt werden.[20]

Ein URL steht für „Uniform Resource Locator" und bedeutet übersetzt „einheitlicher Ressourcenanzeiger". Dieser sperrige Begriff bedeutet, dass eine URL eindeutig angibt, was jemand in einem Netzwerk – meist ist es das Internet – ansteuern möchte. Im allgemeinen Sprachgebrauch wird URL auch als Internetadresse bezeichnet, denn jede Website hat eine URL und ist über diese im Internet zu finden.[21]

> „Ein DOI unterscheidet sich von anderen im Internet verwendeten Verweissystemen wie z. B. der URL dadurch, dass er dauerhaft mit dem Objekt verknüpft ist und nicht lediglich mit dem Ort, an dem das Objekt platziert ist. Über den DOI sind dem Dokument aktuelle und strukturierte Metadaten zugeordnet, so dass bei Ortswechseln von Dokumenten der DOI immer gleich bleibt und nur die URL in der DOI-Datenbank aktualisiert werden muss. Ein weiterer Unterschied des DOI zu anderen standardisierten bibliografischen Möglichkeiten der Identifikation geistigen Eigentums, wie z. B. ISBN, ISRC, besteht darin, dass der DOI in bestimmte Dienste eingebunden werden und in einem Netzwerk direkt und dauerhaft genutzt werden kann."[22]

Ein neues Zitierformat für DOI wurde im März 2017 von APA eingeführt. Das neue Format beinhaltet *https* und das Präfix *doi.org*: https://doi.org/10.1016/j.asw.2016.11.001

Beispiele:
Oppenheimer, D., Zaromb, F., Pomerantz, J. R., Williams, J. C., & Park, Y. S. (2017). Improvement of writing skills during college: A multi-year cross-sectional and longitudinal study of undergraduate writing per-

---

20 https://auffinden-zitieren-dokumentieren.de/zitieren/das-doi-system/ (28.12.2020)
21 https://www.verivox.de/internet/themen/url/ (28.12.2020)
22 https://german-isbn.de/doi/der-doi (28.12.2020)

formance. *Assessing Writing, 32*, 12–27. https://doi.org/10.1016/j.asw.2016.11.001

Kennzeichen eines DOI[23]
- Ein DOI identifiziert gewöhnlich einen Artikel in einer Zeitschrift, er kann aber auch bei anderen Publikationen wie Büchern gefunden werden.
- Ein DOI beginnt mit 10. und beinhaltet Zahlen und Buchstaben. Z. B.: doi:10.1016/j.addbeh.2009.08.001.
- Ein DOI verweist auf eine permanente Internetadresse, sodass sie leicht gefunden werden kann.
- Sie können mit einer DOI-Nummernsuche in Library Search Artikel finden.
- Verwenden Sie immer DOI, wenn es vorhanden ist (bei Online-Artikeln und Büchern).
- Am Ende eines DOI wird kein Punkt gemacht.

Bitte beachten Sie:

Artikel von der Datenbank der Bibliothek könnten im DOI ein **ezproxy.aut.ac.nz** beinhalten. Diese Ezproxy-Information sollte gelöscht werden.

Beispiel:
https://doi-org.~~ezproxy.aut.ac.nz~~/10.1093/pubmed/fdv045

Die richtige URL für dieses DOI ist:
https://doi.org/10.1093/pubmed/fdv045

- **Kein DOI**

Wenn es für einen Zeitschriftenartikel oder ein E-Buch kein DOI gibt, sollten Sie eine URL im Literaturverzeichnis anführen.
  - Verwenden Sie die URL der Homepage für Zeitschriftenartikel ohne DOI.
  - Verwenden Sie im Literaturverzeichnis die URL der Homepage der Zeitschrift, NICHT die ganze URL eines Artikels.

---

[23] https://aut.ac.nz.libguides.com/APA6th/referen celist (31.07.2020)

- **Suche nach der URL einer Zeitschrift**
  - Führen Sie eine Google-Suche nach dem Zeitschriftentitel durch (in doppelten Anführungszeichen), z. B.: „new zealand management magazine", um die Homepage der Zeitschrift zu finden.
  - Oder gehen Sie auf die Datenbank der Bibliothek Ulrichsweb und suchen Sie nach dem Zeitschriftentitel oder der ISSN, um die Daten der Zeitschrift zu erhalten. Auf der Zeitschriftenaufzeichnungsseite finden Sie die URL für die Zeitschrift.

- **Zeitschriften ohne Homepage und ohne DOI**

Dies ist der Fall, wenn eine Zeitschrift eingestellt worden ist oder wenn sich die Zeitschrift in einer archivierten Datenbank befindet. Verwenden Sie die URL der Homepage Datenbank bzw. die URL der Bibliotheksdatenbank. Siehe das nachfolgende Beispiel.

- **Von der Bibliotheksdatenbank abgerufene Quellen ohne DOI**

Wenn Sie elektronische Quellen ohne DOI wie z. B ein E-Book oder die Internetseite einer Zeitschrift von der Datenbank der Bibliothek verwenden, so muss die URL der Datenbank angeführt werden. Verwenden Sie nicht die ganze URL der Quelle, die Sie von der Datenbank abgerufen haben.

Beispiel:

Ein E-Buch: *"Small town sustainability: economic, social, and environmental innovation".*

Die URL der E-Buch-Seite wäre:
https://ebookcentral-proquest-com.ezproxy.aut.ac.nz/lib/AUT/detail.action?docID=1121624

  - Sie sollten ezproxy und weitere folgende Details löschen.
  - Die korrekte URL für die Referenz auf dieses Buch wäre: http://ebookcentral.proquest.com

Tipp:
- Verschwenden Sie nicht zu viel Zeit damit, nach der richtigen Zitierform im Internet zu suchen, Sie könnten Gefahr laufen zwischen unterschiedlichen Weisen zu mischen.
- Konzentrieren Sie sich auf eine Zitierweise und bleiben Sie bei dieser.

Wissenstest 4

1. Sie suchen Texte, in denen die Begriffe: Mitarbeitende, Verkauf und Einzelhandel vorkommen. Welchen Booleschen Operator verwenden Sie?
   a. aNOT
   b. OR
   c. AND
   d. NEAR

2. Die Forschungsfrage lautet: „Welche Auswirkung hat die Digitalisierung auf die Gehaltsschere zwischen Männern und Frauen in technischen Berufen?" Zum Stichwort „Digitalisierung" aus Ihrer Forschungsfrage haben sie Synonyme „digitale Transformation" und „digitaler Wandel" definiert. Mit welchem Booleschen Operator verbinden Sie das Stichwort und die Synonyme?
   a. NOT
   b. OR
   c. AND
   d. NEAR

3. Welche Informationen sollten Kurzzitate enthalten?
   a. Verlag
   b. Titel des Werkes
   c. Erscheinungsjahr
   d. Angabe der Seite

4. Sie suchen nach wissenschaftlichen Fachartikeln zum Thema Kooperationen zwischen Hotels und Krankenhäusern im Bereich Medizintourismus. Welche Plattformen sind hierfür geeignet?
   a. Bibliothekskataloge
   b. Elektronische Zeitschriftenbibliothek
   c. Wirtschaftswissenschaftliche Datenbanken
   d. Google Scholar

5. Welche der folgenden Texte sind zitierfähig?

a. Fachbücher
b. Skripten, Foliensätze der Vortragenden
c. Artikel aus Fachzeitschriften
d. Foreneinträge

6. Die Abkürzung et al. verwenden Sie

a. Ab 2 Autor/innen
b. Ab 3 Autor/innen
c. Ab 4 Autor/innen
d. Ab 5 Autor/innen

7. Kreuzen Sie bitte die richtigen Aussagen zur Zitierweise an:

a. Das Literaturverzeichnis enthält nur die in der Arbeit angeführten Werke.
b. Fehler bei Zitaten sind durch ein [*sic*] oder (!) zu kennzeichnen.
c. Hervorhebungen im zitierten Text sind nicht zu übernehmen.
d. Fußnoten nur bei ergänzenden Anmerkungen zum Haupttext.

11 Formale Rahmenbedingungen

Universitäten geben unterschiedliche Rahmenbedingungen vor. Diese können sogar von Institut zu Institut verschieden sein. Sie können sich an folgenden Punkten orientieren, sofern Sie keine Vorgaben seitens Ihres Instituts erhalten haben:

- **Deckblatt:** Es muss das vollständig ausgefüllte Deckblatt des betreffenden Institutes der Universität verwendet werden.
- **Seitenanzahl/Wörteranzahl:** Bei allen schriftlichen Arbeiten wird die Anzahl der Wörter, der Zeichen bzw. der Seiten vorgegeben, die Sie von der Lehrgangsleitung/Studiengangsleitung erfahren.
- Die **Zählung der Wörter** beginnt je nach Vorgabe der Hochschule/Universität mit dem Inhaltsverzeichnis und endet mit der Zusammenfassung.
- Die **Nummerierung der Kapitel** mit arabischen Ziffern beginnt zumeist mit „1. Einleitung" und endet mit z. B. „7. Zusammenfassung und Ausblick"
- **Schriftsatz:** PC-geschrieben; Textverarbeitungsprogramm; Blocksatz
- **Seitenränder:** oben: 3 cm, unten: 2 cm, links: 3 cm, rechts: 2 cm
- **Format:** DIN A4
- **Schriftgröße:** 12 pt., Arial
- **Zeilenabstand:** 1 ½-zeilig
- **Seitennummerierung:** Das Deckblatt wird nicht nummeriert, aber mitgezählt. Die Seiten des Vorworts, des Executive Summary und des Abstracts werden mit (kleinen) römischen Ziffern nummeriert. Ab dem Inhaltsverzeichnis wird je nach Hochschule/Universität jede Seite bis zum Ende der Arbeit fortlaufend mit arabischen Ziffern nummeriert bzw. bis zum letzten Textkapitel mit arabischen Ziffern, dann fortlaufend mit (kleinen) römischen Ziffern.
- **Seitenlayout:** Die Seiten sind einseitig zu beschreiben/bedrucken. Jedes Hauptkapitel beginnt mit einer neuen Seite. Bei Untergliederungen ist keine neue Seite zu beginnen.

11.1 Betreuung und Begutachtung

Die Rahmenbedingungen für die Betreuung und Begutachtung richten sich nach der jeweiligen Hochschule/Universität. Empfehlenswert ist es, sich frühzeitig über die jeweiligen Regelungen und Vorgangsweisen zu informieren und regelmäßigen Kontakt zum/zur Betreuer/in zu halten. Eventuelle, während der Bearbeitung der Arbeit, auftretende Fragen sollten durch Rücksprache mit dem/der Betreuer/in, dem/der Gutachter/in bzw. mit der Lehrgangsleitung oder der Studiengangsleitung geklärt werden. Bei der Auswahl des Betreuers/der Betreuerin ist im eigenen Interesse darauf zu achten, dass diese/r bei sämtlichen fachlichen und methodischen Aspekten der Arbeit eine Hilfestellung leisten kann. In der Regel erfolgt die Begutachtung durch eine Person, die einen höheren akademischen Grad besitzt, als den angestrebten (d. h., im Falle einer Master Thesis besitzt der/die Gutachterin ein Doktorat). Arbeitgeber/innen, Kolleg/innen oder Verwandte können nicht Gutachter/innen für die eigene wissenschaftliche Arbeit sein.

11.2 Abgabe der Arbeit

Achten Sie rechtzeitig auf Abgabefristen und Vorgaben. So müssen die Abgaben, je nach Universität, in elektronischer und/oder gebundener Form erfolgen. Kontaktieren Sie bei Bedarf auch Ihre/n Betreuer/in bzw. Gutachter/in, in welcher Form Sie Ihre Arbeit übermitteln sollen.

Es empfiehlt sich, eine Plagiatsprüfung vor Ihrer Arbeit vorzunehmen. Es gibt hierzu unterschiedliche Internetanbieter, die umfassende Prüfungen anbieten. Die Universität prüft Ihre Arbeit ebenso auf Plagiat und Einhaltung der Anzahl der Wörter bzw. der Seiten. Dann erfolgen die Begutachtung und Beurteilung. Anschließend wird die Arbeit an den Studierenden/die Studierende retourniert. Je nach Hochschule/Universität und Ergebnis können gegebenenfalls Korrekturen bzw. Ergänzungen vorgenommen werden. Danach ist die korrigierte Arbeit zumeist elektronisch zu übermitteln und etwaige gebundene Endfassungen sind abzugeben. In der Regel erhalten die Studierenden ein kurzes, schriftliches Feedback zur Benotung.

11.3 Häufig vorkommende Fehler

Die Arbeit muss auch in formaler Hinsicht in Ordnung sein. Aufgrund unserer Erfahrung haben wir eine Zusammenfassung häufig vorkommenden Fehlern bei der Verfassung einer wissenschaftlichen Thesis erstellt. Vermeiden Sie deshalb die nachfolgend angeführten Fehler.

- Die Arbeit beginnt nicht mit der Einleitung.
- Die Einleitung enthält nicht alle geforderten Punkte: Problemstellung, die wissenschaftliche Fragestellung und das Ziel, die Methodik und den Aufbau der Arbeit.
- In der Einleitung wird Bezug auf das Abstract genommen: „Wie schon im Abstract dargelegt, …"
- Die Fragestellung besteht nicht aus nur einer globalen W-Frage (Leitfrage).
- Die „Unterfragen" tragen nicht zur Beantwortung der Leitfrage bei.
- Am Ende der Forschungsfrage steht kein Fragezeichen.
- Der Titel der Arbeit wird nicht aus der Fragestellung und dem Thema abgeleitet.
- Der Titel der Arbeit besteht aus der Forschungsfrage.
- Das Ziel wird nicht konkret und messbar angeführt (z. B.: Das Ziel ist die Beantwortung der Forschungsfrage).
- Die Untergliederung enthält nur einen Unterpunkt allein (z. B. 5.1, aber kein 5.2).
- Nach Kapitelüberschriften steht kein einleitender Satz, es folgt gleich das Unterkapitel.
- Nach den Kapitelüberschriften werden Doppelpunkte gesetzt.
- Nummerische Zahlen bis zwölf werden nicht ausgeschrieben.
- Die Absatzbildung wird nicht immer mit neuer Zeile oder nicht immer mit einer Leerzeile begonnen.
- Ein Absatz besteht nur aus einem Satz. (Er sollte aber einen Gedankengang zusammenfassen.)
- Die Nummerierung in der Gliederung beginnt nicht mit der Einleitung und endet nicht mit der Zusammenfassung und dem Ausblick.
- Der Text ist nicht immer korrekt in Blocksatz formatiert.
- Ein Kapitel bzw. ein Absatz besteht nur aus einem Zitat, einer Abbildung oder einer Tabelle.
- Die angeführten Abbildungen oder Tabellen weisen keine Bezeichnung auf.
- Vor der Bezeichnung einer Abbildung oder Tabelle steht kein Doppelpunkt: Abbildung 20: oder Abb. 20: Leistungsstreuung und Sanktionen (Quelle: Autor/in Jahr: Seite).
- Die Angabe der Quelle bei einer Abbildung oder einer Tabelle fehlt: (Quelle zitieren oder „Eigene Darstellung"): Abb. 5: … (Quelle: Müller 2013: 65), (Quelle: eigene Darstellung).

- Die Bezeichnung der Abbildung steht oberhalb der Abbildung und sollte unterhalb stehen.
- Die Bezeichnung der Tabelle steht unterhalb der Tabelle und sollte oberhalb stehen.
- Nach Kapitelüberschriften beginnt kein ganzer Satz.
- Kapitelüberschriften sollten nicht ein Teil des vorangegangenen oder des folgenden Satzes sein.
- Die Abstände im Dokument von links, rechts, oben und unten werden nicht eingehalten.
- Die Zusammenfassung enthält nicht alle geforderten Punkte.
- Das Literaturverzeichnis und andere Verzeichnisse werden fälschlich weiter nummeriert.
- Der Titel der Arbeit entspricht nicht dem Titel im bewilligten Exposé.
- Die Untergliederung wird falsch beziffert.
- Die Arbeit wurde nicht korrigiert und enthält Grammatik- und Satzfehler.
- In der Arbeit wurde inkorrekt, nicht vollständig und nicht einheitlich zitiert.
- Die Arbeit besteht fast nur aus Zitaten mit verbindenden Sätzen.
- Die Arbeit ist in Stichworten und nicht in ganzen Sätzen geschrieben.
- Die Sätze sind unverständlich verfasst.
- Die Arbeit enthält sehr lange und schwer verständliche Schachtelsätze.
- Der Text ist in der „Sie"-Form geschrieben. („Dabei müssen Sie beachten, …")
- Im Text werden zwei Hauptsätze nicht durch einen Punkt voneinander getrennt.
- Das Abstract steht nicht vor dem Inhaltsverzeichnis.
- Das Abstract enthält nicht die Erkenntnisse der Arbeit.
- Das Abstract wurde nicht in der Gegenwartsform (für Hintergrund und Folgerungen) bzw. in der Vergangenheitsform (für Methoden und Resultate) geschrieben.
- Die Abbildungen sind nicht lesbar, da die Bildauflösung für den Druck der vorliegenden Arbeit zu gering ist.
- Das Ende eines Satzes ist Teil der nächsten Kapitelüberschrift.
- Die Kapitelüberschriften bestehen fälschlich aus Fragesätzen.
- In der Arbeit werden eigene Abkürzungen und Zitierungen verwendet.
- Im Abkürzungsverzeichnis stehen allgemein bekannte Abkürzungen wie EU, USA, z. B., etc.
- Der Text entspricht der Alltagssprache oder dem Schreibstil eines Vortrages oder eines Skriptums und nicht einer wissenschaftlichen Arbeit.

- In dem vorliegenden Text werden keine Aufzählungszeichen verwendet.
- Die Arbeit enthält unnötige Belehrungen in der „Sie"-Form wie z. B.: „Zu diesem Zweck müssen Sie …".
- Die Arbeit mischt unterschiedliche Stile und ist nicht grundsätzlich in der unpersönlichen Form verfasst.
- Absätze werden nicht immer durch eine Leerzeile oder eine neue Zeile voneinander getrennt.
- Es werden fälschlich Rufzeichen im Text gesetzt, um etwas noch zusätzlich zu betonen.
- Bei einer Änderung des Titels der Arbeit oder der Forschungsfrage wurde nicht die Bewilligung der Lehrgangsleitung/Studiengangsleitung eingeholt.
- Die vorliegende Arbeit zeigt falsche Seitennummerierung mit römischen oder arabischen Ziffern.
- Die Überschriften der Teile vor und nach dem Textteil werden nummeriert.
- Der Text enthält falsch formulierte Hypothesen.

11.4 Beurteilungskriterien für wissenschaftliche Arbeiten

Bei den Beurteilungen handelt es sich um subjektive Bewertungen der jeweiligen Gutachter/innen. Um jedoch zumindest eine gewisse Objektivität zu erreichen, haben wir Kriterien als Hilfestellung für die Gutachter/innen festgelegt. Pro Kriterium gibt es eine maximal zu erreichende Punkteanzahl. Die Gutachter/innen vergeben dann die tatsächlich erreichte Punkteanzahl.

Die Arbeit wird so beurteilt, wie sie eingereicht wurde. Verhandlungen nach der Begutachtung im Sinne von „Was muss ich verändern, um eine bessere Note zu bekommen?" sind normalerweise nicht möglich, wohl aber müssen Formfehler korrigiert werden.

Falls sich ein/e Student/in ungerecht beurteilt fühlt, kann er/sie, je nach Hochschule/Universität, um die Erstellung eines weiteren Gutachtens ansuchen, für das evtl. eine administrative Gebühr zu entrichten ist. Diese/r Gutachter/in wird von der Lehrgangsleitung/ Studiengangsleitung bestellt.

Nachfolgend sehen Sie mögliche Beispiele von Beurteilungskriterien für wissenschaftliche Arbeiten (Tabelle 9):

Tabelle 9: Beispiele für Beurteilungskriterien (eigene Darstellung)

Mögliche Beurteilungskriterien	Max. Punkte	Erreichte Punkte
1. Titel, Abstract und Einleitung **Titel:** Ist der Titel formal in Ordnung (kein Doppelpunkt, keine Fragestellung, kein Nebensatz, nicht zu viele Details, keine Abkürzungen, keine Fremdwörter)? Wird der Titel aus der Problemstellung und der Forschungsfrage abgeleitet? Ist der Titel eher allgemein gehalten oder aussagekräftig?	2	
Abstract: Enthält das Abstract alle vorgesehenen Punkte (Problemstellung, Forschungsfrage, Ziel, Methodik, Ergebnisse, Keywords)?	2	
Problemstellung: Wird die Problemstellung konkret und klar formuliert? Wird sie eingegrenzt? Wie groß ist ihr Innovationsgehalt? Wird die Aktualität/Relevanz der Problemstellung dargelegt? Wird die Problemstellung in die wiss. Diskussion eingebettet (wird Literatur zitiert)? Greift die Autorin/der Autor eine Forschungslücke auf? – Wissenschaftliche, gesellschaftliche, politische oder wirtschaftliche Relevanz – Aktualität der Problemstellung – Anlass für die Studie (persönliches Interesse oder Auftragsarbeit) – Interessenten an der Problemlösung – Praxisnutzen	3	
Forschungsfrage: Ist die Forschungsfrage anspruchsvoll, verständlich und konkret formuliert? Werden Unterfragen angeführt, die das Thema eingrenzen und zur Beantwortung der Leitfrage beitragen? Kann die Herleitung der Fragestellung aus der Problemstellung nachvollzogen werden? Ist die Fragestellung bearbeitbar? Bezieht sich die Fragestellung ausschließlich auf das vorliegende Thema? Wird die Fragestellung zum gegenwärtigen Forschungsstand in Beziehung gesetzt?	2	
Ziel: Wird das Ziel aus der Forschungsfrage und Problemstellung abgeleitet? Ist das Ziel die Beantwortung der Forschungsfrage? Wird angeführt, welche Ergebnisse zu welchem Verwendungszweck erzielt werden sollen und welche Art von Schlussfolgerungen in Bezug auf das Gesamtproblem gezogen werden soll?	2	
Methode: Werden mögliche Methoden (qualitative, quantitative Erhebung oder reine Literaturarbeit) mit Zitaten belegt kurz beschrieben? Wird begründet, warum eine Methode gewählt wurde?	2	
Aufbau der Arbeit: Wird der Aufbau der Arbeit kapitelweise beschrieben?	2	

Mögliche Beurteilungskriterien	Max. Punkte	Erreichte Punkte
2. Theoretischer Hintergrund **Definition von Grundbegriffen:** Werden die wesentlichsten Begriffe definiert?	2	
Stand der Forschung: Werden die wichtigsten Werke/Autor/innen auf diesem Fachgebiet genannt? Wird der aktuelle Forschungsstand dargelegt? Wird auch internationale Literatur angeführt (falls vorhanden)? Werden relevante Bezugstheorien dargelegt und kritisch beleuchtet? Wie ist die Qualität der Literatur (wissenschaftliche Literatur führender Autor/innen; keine populärwissenschaftlichen Werke; möglichst Vermeidung von Praktikerliteratur und von Internetquellen, nicht „Wikipedia", keine Skripten und Vorlesungsmitschriften)? Werden hauptsächlich Primärquellen verwendet? Erfolgt eine Integration verschiedener Quellen (passende und abwechslungsreiche Verwendung vieler Quellen über mehrere Seiten)? Liegt eine unreflektierte Aneinanderreihung verschiedener Konzepte oder eine kritische Auseinandersetzung und Interpretation vor? Werden Wissenslücken (Forschungsdefizite) aufgezeigt? Werden Hypothesen oder Grundannahmen formuliert?	10	
3. Methodik und Vorgehensweise **Studiendesign:** Wird beschrieben, welches Studiendesign (systematische Übersichtsarbeit oder Metaanalyse) aus welchem Grund gewählt wurde? Wird die Begründung mit Zitaten belegt? Wird die methodische Vorgehensweise nachvollziehbar dargelegt, sodass eine intersubjektive Überprüfbarkeit möglich ist?	4	
Datenerhebung: Wird die Suchstrategie für die Literatursuche beschrieben? Werden die verwendeten Datenquellen (Datenbanken, EZB, Online-Kataloge etc.), die formulierten Suchbegriffe sowie die Inklusions- und Exklusionskriterien für die Artikel/Studie, die zur Beantwortung der Forschungsfrage herangezogen werden, angeführt? Wird eine möglicherweise vorhandene Heterogenität zwischen den Studien berücksichtigt? Beinhaltet die Arbeit eine Einschätzung der jeweiligen Studienvalidität?	5	
Datenauswertung: Erfolgt eine Beschreibung, wie die Daten aus den einzelnen Studien/Artikeln/etc. extrahiert und analysiert wurden? Wird die verwendete Methode der Datenanalyse beschrieben? Wird mit einem Homogenitätstest darauf geachtet, ob alle Studien den gleichen Effekt messen? Werden die Limitationen der jeweiligen Zusammenfassung diskutiert? Gibt es eventuell Tabellen mit den Effektschätzern (z. B. Odds Ratio oder Relatives Risiko) der Einzelstudien?		

Mögliche Beurteilungskriterien	Max. Punkte	Erreichte Punkte
Werden eventuell Sensitivitätsanalysen, d. h., hat der Ausschluss einzelner Studien aus der Analyse einen Einfluss auf das Ergebnis des gepoolten (zusammengefassten) Effektschätzers, vorgenommen? Werden mögliche Vorgangsweisen bei der Datenauswertung anhand qualitativer/quantitativer Methoden angeführt? – Ordnung der Quellen nach inhaltlichen Aspekten, chronologisch, historisch konzeptionell, thematisch methodisch, oder nach Fachdisziplin – Herausarbeitung von Gemeinsamkeiten/Unterschieden in der Literatur – Aufzeigen von Beziehungen, Widersprüchen, Lücken in der Literatur – Auswertung der Daten in Bezug auf die Fragestellung anhand qualitativer (deskriptiv, tabellarisch) und/oder quantitativer Methoden (z. B. Häufigkeiten, gewichtete Effektstärken, Metaanalyse) – Diskussion der Befunde mit Bezug zur Fragestellung und kritische Reflexion über Stärken und potenzielle Schwächen der verwendeten Methodik	6	
4. **Ergebnisse:** Wird angeführt, wie viele Studien/Artikel/etc. gescreent, überprüft und in die Studie eingeschlossen wurden? Wird eine Übersicht über die Charakteristika der einbezogenen Artikel/Studien/ etc. gegeben? Werden die Ergebnisse der einzelnen Artikel/Studien/ etc. präsentiert sowie eine synthetisierte Darstellung der Ergebnisse gegeben? Werden eventuell weitere Analysen durchgeführt? Werden die Ergebnisse verständlich und deutungsfrei dargestellt? Werden die Ergebnisse zu Thesen/Hypothesen verarbeitet?	10	
5. **Diskussion der Ergebnisse** Diskussion: Werden die Schlüsselergebnisse aufbereitet und in Bezug zur Forschungsfrage gesetzt? Werden Ergebnisse eventuelle kritisch mit anderer Literatur verglichen und diskutiert? Werden dabei eventuell sowohl inhaltliche als auch methodische Aspekte diskutiert? Wird die Forschungsfrage beantwortet bzw. wird das Ziel erreicht? Führt die Beantwortung der Forschungsfrage zu neuen wissenschaftlichen Erkenntnissen? Werden am Ende der Diskussion auch die Limitationen der Studie diskutiert und beschrieben?	6	
6. **Schlussfolgerungen:** Werden aus der vorhandenen Literatur eigene Schlussfolgerungen gezogen? Erfolgen die eigenen Interpretationen unabhängig von den Erwartungen des/der Autors?/in? Wird die eigene Interpretation der Ergebnisse mit alternativen Erklärungen verglichen? Wird begründet, was für die eigene Interpretation spricht?	2	

Mögliche Beurteilungskriterien	Max. Punkte	Erreichte Punkte
Haben die Schlussfolgerungen irgendeinen praktischen oder wissenschaftlichen Wert? Werden theoretische Implikationen dargelegt? Werden Implikationen für die Praxis dargestellt, d. h., wo und wie sich die Ergebnisse auswirken könnten?		
7. **Kritische Reflexion:** Wird die eigene Untersuchung (Methode und Erkenntnisse) kritisch reflektiert? Werden Vor- und Nachteile der eigenen Untersuchung und mögliche Fehler kritisch betrachtet? Wird ein eventuell anderer Weg zur Lösung des Problems aufgezeigt? Wird eventuell angeführt, ob und welche Probleme es gab?	2	
8. **Zusammenfassung und Ausblick** Zusammenfassung: Wird in der Zusammenfassung auf die Problemstellung, die Forschungsfrage, das Ziel der Arbeit, die Methodik und die wichtigsten Erkenntnisse eingegangen?	4	
Ausblick: Werden noch offene Forschungsfragen und zukünftige Untersuchungen angeführt, die aufgrund der neuen Ergebnisse als relevant erscheinen? Wird angeführt, was bei einer neuen Untersuchung besser gemacht werden könnte? Was geschieht mit den Erkenntnissen? Enthält die Arbeit Empfehlungen und einen Ausblick in die Zukunft?	4	
9. **Formale Kriterien** Aufbau und Gliederung: Lässt die Gliederung klar den Bezug zum Thema erkennen? Ist die Gliederung formal korrekt (Ober- und Unterpunkte, Gliederungstiefe)? Sind die Kapitelüberschriften themenbezogen?	5	
Sprache und Stil: Entsprechen Schriftgröße, Schriftart, Seitenränder, Seitennummerierung und Kapitelüberschriften den Vorgaben? Ist die Arbeit sprachlich korrekt (Grammatik-, Rechtschreib- und Tippfehler)? Liegt ein korrekter Satzbau vor? Entsprechen Sprachstil und Wortwahl den Erfordernissen einer wissenschaftlichen Arbeit (keine Alltagssprache bzw. umgangssprachlichen Formulierungen)? Wird die Verständlichkeit durch sinnvolle Beispiele, Abbildungen, anschauliche Grafiken und aussagekräftige Tabellen unterstützt? Ist die Argumentation schlüssig bzw. logisch aufgebaut? Gibt es nicht begründete Werturteile oder spekulative Aussagen? Inwieweit wird gendergerecht formuliert?	15	
Zitierweise: Werden die APA-Zitiervorschriften im Fließtext und im Literaturverzeichnis einheitlich eingehalten? Ist die Zitierweise adäquat (kein unnötiges Zitieren, Ausmaß wörtlichen Zitierens, Kompilation)?	5	

Mögliche Beurteilungskriterien	Max. Punkte	Erreichte Punkte
Verzeichnisse: Enthält die Arbeit alle notwendigen Verzeichnisse? Sind die Verzeichnisse an der richtigen Stelle in der Arbeit platziert? Sind die Abbildungen/Tabellen durchgängig nummeriert und mit Kurztiteln (Beschriftung) und den Quellen versehen? Werden die Abb./Tab. im Text angekündigt und beschrieben? Enthält der Anhang adäquate Dokumente wie Fragebogen und Auswertungstabellen? Finden sich im Literaturverzeichnis nur Quellen, auf die im Fließtext verwiesen wurden?	5	
Umfang der Arbeit: Liegt der Umfang der Arbeit je nach den Vorgaben der Hochschule/Universität bei 5.500 (Projektarbeiten) bzw. 13.000 bis 15.000 (Master-Theses) Wörtern +/-10 %? Abzüge bei einer Überschreitung um 11-15 %: -2, um 16-20 %: -4, um 21–30 %: -6. **Abzüge:**	0	0
Summe	100	0

Notenschlüssel

Note	Punkte	Punkte
1	91-100	88-100
2	80-90	75-87
3	66-79	63-74
4	51-65	51-62
5	< 51	< 51

11.5 Notenschlüssel und Begründung

Nachfolgend haben wir ein Beispiel zur Begründung für die einzelnen Noten zusammengestellt. Damit in diesem Fall die Arbeit positiv beurteilt werden kann, müssen mindestens 51 von 100 möglichen Punkten erreicht werden. Tabelle 10 zeigt einen möglichen Notenschlüssel.

Tabelle 10: Notenschlüssel und Begründung (eigene Darstellung)

Note	Punkte	Begründung
1	88-100	Die Arbeit stellt eine substanzielle Auseinandersetzung mit einem präzisen und konkret formulierten Thema dar. Auf dieser Basis wird ein klarer Standpunkt erarbeitet. Der dargebotene Informationsgehalt liefert einen konsistenten Beitrag, um einen klaren Fokus zu konstituieren und schlüssige Erklärungen und Folgerungen zu erarbeiten. Die Arbeit enthält ein signifikantes Maß an Originalität und Innovation und liefert einen hervorragenden Wissenszuwachs.
2	75-87	Die Arbeit ist thematisch präzise spezifiziert. Die Auseinandersetzung mit dem Thema bietet einen angemessenen Überblick und geht jedenfalls über reine Deskription und Kompilation hinaus. Ein eigenständiger Standpunkt wird klar ausgewiesen und argumentativ abgesichert. Die Arbeit hat einen entsprechenden Informationswert und stellt einen begrenzten Wissenszuwachs dar.
3	63-74	Die Arbeit zeigt eine durchschnittlich angemessene Behandlung eines spezifischen Themas. Die Abhandlung geht jedoch im Wesentlichen unzureichend in die Tiefe und bleibt somit insgesamt überblicksartig. Es besteht eine Tendenz zu vagen Formulierungen, wodurch es der Leser/innenschaft großteils überlassen bleibt, den argumentativen Zusammenhang und den eigentlichen Stellenwert der Aussagen selbst herzustellen.
4	51-62	Die Arbeit geht über den Status einer unreflektierten Literatursammlung nicht wesentlich hinaus. Das Thema wird nicht zu einem klaren Fokus entwickelt, Ansätze sind aber deutlich erkennbar. In wenigen Teilen der Arbeit finden sich relevante, abgesicherte Informationen, es wird jedoch nur selten ein eigenständiger Standpunkt bezogen und es erfolgt keine argumentative Auseinandersetzung.
5	bis 50	Die Arbeit erfüllt nicht alle für die Beurteilung mit Genügend erforderlichen Kriterien. Auch Arbeiten, die Plagiate enthalten oder schwere Mängel in der Zitation aufweisen, sind mit „Nicht Genügend" zu beurteilen.

12 Literaturverwaltungsprogramme

Das nachfolgende Kapitel beleuchtet ausgewählte Literaturverwaltungsprogramme und zeigt unterschiedliche Vor- und Nachteile auf.

12.1 Die Qual der Wahl

Sie werden im Laufe Ihrer Ausbildung bereits Namen wie etwa Citavi, Zotero, Mendeley oder EndNote gehört haben und sich nun fragen, ob es sinnvoll ist, Literaturverwaltungsprogramme zu verwenden. Diese Frage gehört wohl zu einem weiteren ungelösten Rätsel der Menschheit und es gibt unzählige Diskussionen zu Vor- und Nachteilen. Noch umfassender wird der Diskurs, wenn die einzelnen Programme nun verglichen werden. Es gibt unterschiedliche Möglichkeiten, sich diesem Thema zu nähern. Eine Empfehlung ist jedenfalls, die eigene Hochschule/Universität nach kostenfreien Zugangsmöglichkeiten zu fragen bzw. Empfehlung des Institutes oder des Studienganges/Lehrgangs einzuholen. In manchen Fachgebieten werden einzelne Literaturverwaltungsprogramme bevorzugt und als Standardprogramm verwendet. Diverse Universitäten stellen den Studierenden auch begünstigte Unilizenzen zur Verfügung, eine Nachfrage lohnt sich daher jedenfalls.

Folgende Fragen können Sie sich zu Beginn stellen?

- Haben Sie Zeit, sich mit einem Literaturverwaltungsprogramm zu beschäftigen und ausreichend einzuarbeiten?
- Welches Programm spricht Sie nach einer Recherche an?
- Welches Betriebssystem verwenden Sie?
- Gibt es eine mobile Version?
- Ist es kostenpflichtig?
- Wird Hilfestellung anhand von Kursen, Selbststudium, Foren, Videos angeboten?
- Welches Programm wird an Ihrer Hochschule/Universität oder Ihrem Institut verwendet?
- Welche Funktionen kann das Programm?
- Wird nur auf einem Gerät gearbeitet oder auf mehreren Rechnern?
- Soll es kostenfrei sein?

12.1.1 JabRef

JabRef ist eine kostenfreie Open Source Software und ermöglicht für BibTeX, das Standard-Literaturverwaltungsformat von LaTeX, eine grafische Oberfläche, die unter Linux, Mac OS X und Windows verwendet werden kann. Die Referenzen können dabei mit PDFs oder Websites verknüpft werden. Zudem gibt es Schnittstellen zu Medline, CiteSeer, LyX, TexStudio, TexMaker, WinEdit, EndNote, Open/Libre-Office und Microsoft Office. Das Programm ist in verschiedenen Sprachen u. a. Deutsch, Englisch und Französisch erhältlich. Für JabRef gibt es eine Vielzahl an unterstützenden Informationen, Blocks, Feedback-Foren und Videos.[24]

Kurzüberblick:

- Kosten: kostenfreie Open-Source-Software
- Clientbasierte Plattform: Windows, Mac, Linux, Unix, BSD, Solaris
- Anzahl der speicherbaren Datensätze: unbegrenzt
- Importfilternutzung: ja, z. B. BibTeX, RIS, TXT, XML
- Datenanzeige: Kurz- und Vollanzeige
- Sortiermöglichkeit: ja inkl. Filter
- Suchfunktionen: einfache und erweiterte Suche, Boolesche Operatoren, Trunkierung
- Zitierstile: über BibTex, BibLaTex
- Anlegen von Ordnern/Kategorien: ja, Gruppen und Untergruppen
- Hilfestellung: ausreichend Hilfetexte, Blogs, Feedback-Foren
- Für Wissenschaftler/innen aller Fachgebiete die BibTeX und LateX nutzen
- Fazit: Datenbanken sind besonders für den MINT-Bereich passend.

12.1.2 Zotero

Zotero ist seit 2006 am Markt und wurde einst als Erweiterung für Mozilla Firefox eingerichtet. Dadurch konnte die Literaturdatenbank in einem Browserfenster angezeigt werden. Kontinuierliche Weiterentwicklungen führten zu eigenständigen Versionen und seit 2017 wird es als eigenständiges Programm angeboten, welches mit unterschiedlichen Betriebssystemen, wie etwa Windows, Linux und Mac OS, kompatibel ist. Mit Zotero lassen sich bibliografische Daten sammeln, verwalten, verknüpfen und Literaturangaben in verschiedenen Zitierstilen automatisieren. Dies ist sehr praktisch, da der/die

---

24 https://www.jabref.org/ (20.07.2020)

Verfasser/in nicht laufend auf die Quelle und die richtige Zitierweise achten muss. Infolge wurden Erweiterungen durch Google Docs vorgenommen und an mobilen Betriebssystemen gearbeitet. Im Internet finden sich einfache Anleitungen in unterschiedlichen Sprachen sowie Online-Tutorials auf YouTube. Die Fernuni Schweiz hat Zotero ein sehr umfassendes und ausführliches Tutorial gewidmet[25]. Zotero bietet ein kostenfreies Speichervolumen bis zu 300 MB, über 8000 verschiedene Zitationsstile und unbegrenzt speicherbare Datensätze. Ein solides und kostenfreies Programm mit vielen Weiterentwicklungen und ausführlichen Hilfetexten.[26]

Kurzüberblick:

- Kosten: kostenfreie Open-Source-Software bis 300 MB
- Clientbasierte und webbasierte Plattform: Windows, Mac, Linux, mobile Endgeräte
- Anzahl der speicherbaren Datensätze: unbegrenzt, bis 300 MB kostenfrei, danach kostenpflichtig
- Importfilternutzung: ja, z. B. BibTeX, RIS, TXT, XML
- Datenanzeige: Kurz- und Vollanzeige
- Sortiermöglichkeit: ja inkl. Filter
- Suchfunktionen: einfache und erweiterte Suche, Boolesche Operatoren, Trunkierung
- Zitierstile: mehr als 9000 verfügbare Stile
- Anlegen von Ordnern/Kategorien: ja, Ordner und Unterordner
- Hilfestellung: ausreichend Hilfetexte, Blogs, Videoanleitungen, Tutorials, Zotero-Foren
- Für Wissenschaftler/innen aller Fachgebiete
- Fazit: Einfache Literaturverwaltung, unkomplizierte Handhabung, Kollaborationsmöglichkeiten sowie Unterstützung durch das soziale Online-Netzwerk.

12.1.3 Citavi

Der Klassiker unter den Programmen wurde 2004 gegründet. Die erste Version von Citavi wurde 2006 veröffentlicht. Mit dem Programm kann weltweit recherchiert werden. Internetseiten, PDFs, Artikel, Bücher werden gespeichert und können bei Bedarf verwendet werden. Citavi zitiert die Quelle

---

25 http://etools.fernuni.ch/wiss-schreiben/zotero.pdf (28.12.2020)
26 https://www.zotero.org (28.12.2020)

korrekt. Als Marktführer ist die Lizenz kostenpflichtig, wobei viele Universitäten über Campuslizenzen verfügen und den Studierenden zur Verfügung stellen. Das Programm ist komplexer als Zotero. Es ist eben nicht nur eine Literaturverwaltung, sondern es ermöglicht das Wissen zu organisieren, zu verknüpfen, Gruppen und Kategorien zu bilden. Die Zitate werden in das Word-Dokument eingefügt, allerdings in Form eines Platzhalters mit Klammern und Zahlen. Fehler oder unvollständige Zahlen können sich dadurch einschleichen und erst am Ende ist der Platz der Literaturangaben ersichtlich. Citavi bietet jedoch auch die Möglichkeit, Aufgaben zu planen und dient der Vorstrukturierung von Texten mit Überschriften und Notizen. Dies kann sehr hilfreich sein und ermöglicht eine konstante Weiterarbeit. Auch zu Citavi gibt es ausreichend Schulungsmaterialien, Tutorials sowie an diversen Universitäten auch Kurse vor Ort. Die Citavi Free Version ermöglicht maximal 100 Titel pro Projekt, darüber hinaus ist die Lizenz kostenpflichtig und personengebunden.[27]

Kurzüberblick:

- Kosten: kostenfreie als Citavi Free bis max. 100 Titel pro Projekt, dann kostenpflichtig
- Clientbasierte und webbasierte Plattform: Windows und simuliert über Windows für Mac
- Anzahl der speicherbaren Datensätze: Citavi Free bis 100 Einträge dann kostenpflichtig und bis zu 50.000 pro Projekt
- Importfilternutzung: ja, z. B. BibTeX, RIS, TXT, XML
- Datenanzeige: Kurz- und Vollanzeige, mit Vorschau für vorgefertigte Zitierstile
- Sortiermöglichkeit: ja inkl. Filter
- Suchfunktionen: einfache und erweiterte Suche, Boolesche Operatoren, Trunkierung
- Zitierstile: bis zu 9.000 verfügbare Stile
- Anlegen von Ordnern/Kategorien: ja, Kategorien und Gruppen
- Hilfestellung: ausreichend Hilfetexte, Blogs, Videoanleitungen, Tutorials, Foren
- Für Wissenschaftler/innen aller Fachgebiete, insbesondere Geisteswissenschaften.

---

27 https://www.citavi.com/ (28.12.2020)

- Fazit: Einfache Literaturverwaltung, Integration von Zitaten und langen Textpassagen mittels WordAddIn.

12.1.4 Mendeley

Mendeley ist ein kostenfreies Literaturverwaltungsprogramm bis zu einer Größe von aktuell 2 Gigabyte. Mendeley ist Citavi ähnlich mit einer Literatur- und Dokumentenverwaltung sowie integrierten Recherchefunktionen. Die jeweiligen Referenzen können über den Datenimport oder Web Importer Plugin aus Datenbanken und Bibliothekskatalogen ins Programm übernommen und über das Plugin als Literaturverzeichnis in vielfältigen Zitierweisen eingefügt werden. Mendeley verfügt über eine große Recherchedatenbank mit mehr als 65 Millionen wissenschaftlichen Artikeln und über 6 Millionen engagierten Forscher/innen. Diesen Zusatz nützt Mendeley auch und unterstützt die Forscher/innen bei der Suche nach relevanter Literatur. Mittels RSS_Web-Deed können Forschungsaktivitäten und Forschungsschwerpunkte abonniert werden und Mendeley übermittelt aktuelle Forschungsergebnisse zu dem eigens gewählten Fachgebiet. Eine gute Möglichkeit für Wissenschaftler/innen, die das Referenzmanagement mit Verwaltung von PDF-Dokumenten kombinieren wollen und Zugang zu einem globalen Forschungsnetzwerk suchen.[28]

Kurzüberblick:

- Kosten: kostenfrei bis 2GB, dann kostenpflichtig für weitere Speicher und Funktionen,
- Clientbasierte und webbasierte Plattform: Windows, Mac, Linux, Unix,
- Anzahl der speicherbaren Datensätze: unbegrenzt, bis 2GB kostenfrei,
- Importfilternutzung: ja, z. B. BibTeX, RIS, TXT, XML,
- Datenanzeige: Kurz- und Vollanzeige, Zitieranzeige,
- Sortiermöglichkeit: ja, inkl. Filter,
- Suchfunktionen: einfache Suche, logische UND Verknüpfung,
- Zitierstile: 8 Zitierstile bei Erstinstallation, dann bis zu 9.000 verfügbare Stile,
- Anlegen von Ordnern/Kategorien: ja, Ordner und Unterordner,
- Hilfestellung: ausreichend Hilfetexte, Blogs, Webinare,
- Insbesondere für Naturwissenschaftler/innen und Mediziner/innen.

---

28 https://www.mendeley.com (28.12.2020)

- Fazit: Wissenschaftler/innen schätzen den gemeinsamen Austausch und die Möglichkeit der gemeinsamen Informationsnutzung.

12.1.5 EndNote

EndNote zählt neben Citavi zu den bekannten und beliebten Literaturverwaltungsprogrammen. Auch hierzu gibt es Online-Tutorials, Videos und unzählige Forenbeiträge. Es verfügt über eine detaillierte Recherchefunktion, mit welcher in Online-Katalogen, PDFs, Artikeln oder Fachdatenbanken aus Bibliotheken nach Quellen gesucht werden kann. EndNote hat sich im Bereich der Naturwissenschaften gut behauptet und ist eine Software des großen Informationsdienstleisters Thomson-Reuters. Als Literaturverwaltungsprogramm ist es beliebt, da es den Dateiaustausch in Arbeitsgruppen ermöglicht und sowohl als Desktop- als auch als Browserversion angeboten wird. EndNote hat eine clevere Schnittstelle zu Microsoft Word, die das Zitieren während des Schreibens ermöglicht. Dadurch können automatische Literaturverzeichnisse und Quellenangaben erstellt werden. Viele Universitäten, insbesondere im angelsächsischen Raum, verfügen über Campuslizenzen.[29]

Kurzüberblick:

- Kosten: als Basisvariante bis 50.000 Datensätze kostenfrei, dann kostenpflichtig
- Clientbasierte und webbasierte Plattform: Windows, Mac, Linux, Unix,
- Anzahl der speicherbaren Datensätze: bis 2 GB/50.000 kostenfrei
- Importfilternutzung: ja, z. B. BibTeX, RIS, TXT, XML
- Datenanzeige: Kurz- und Vollanzeige, Zitieranzeige
- Sortiermöglichkeit: ja inkl. Filter
- Suchfunktionen: einfache und erweiterte Suche, Boolesche Operatoren, Trunkierung, Gruppen und kombinierte Gruppen
- Zitierstile: bis zu 6000 verfügbare Stile
- Anlegen von Ordnern/Kategorien: ja, Gruppen-Sets und Gruppen
- Hilfestellung: Trainings, Videos, Anleitungen
- Insbesondere für Naturwissenschaftler/innen und Mediziner/innen aufgrund der Integration von PubMed und anderen naturwissenschaftlichen Datenbanken.
- Fazit: Wissenschaftler/innen schätzen die umfassenden Datenbanken.

---

[29] https://endnote.com/ (28.12.2020)

12.2 Es gibt kein „Richtig" und kein „Falsch"

Unabhängig davon, ob und wie viel Zeit und Geld Sie investieren wollen, die Entscheidung für ein Literaturverwaltungsprogramm wird zumeist durch das universitäre Umfeld, die finanziellen oder zeitlichen Ressourcen oder durch Praktikabilität beeinflusst. Sofern seitens der Hochschule/Universität oder des Instituts keine verpflichtende Weisung besteht, können Sie Ihre Arbeit auch ohne Literaturverwaltungsprogramm verfassen. Achten Sie auf eine strukturierte Vorgehensweise, notieren Sie sich Zugriffsmomente auf Homepages und halten Sie sich an die Beispiele, dann ist ein manuell erstelltes Quellenverzeichnis auch gut umsetzbar. Sollten Sie dennoch unsicher sein, fragen Sie erfahrene Kolleg/innen oder Vortragende, um mehr Sicherheit zu erlangen. Denken Sie daran, es ist noch kein Meister vom Himmel gefallen und jede Forscherin und jeder Forscher strebt danach, die beste Fassung seiner Arbeit zu verwirklichen.

Literaturverzeichnis

Zur Sichtbarmachung der Geschlechter wurden im Literaturverzeichnis die Vornamen der Autorinnen und Autoren ausgeschrieben.

American Psychological Association. (2020). *Publication Manual of the American Psychological Association* (7th edition).
Atteslander, Peter. (2010). *Methoden der empirischen Sozialforschung* (13. Auflage). Erich Schmidt Verlag.
Berger-Grabner, Doris. (2016). *Wissenschaftliches Arbeiten in den Wirtschafts- und Sozialwissenschaften. Hilfreiche Tipps und praktische Beispiele* (3. Auflage). Springer Gabler.
Bahr, Jonas, & Frackmann, Malte. *Richtig zitieren nach der Harvard-Methode.* Institut für Praxisforschung. (online) https://afap.ch/wp-content/uploads/2017/03/harvard_zitierweise.pdf (06.03.2021).
Bänsch, Axel. (2003). *Wissenschaftliches Arbeiten* (8. Auflage). Oldenbourg Wissenschaftsverlag.
Bortz, Jürgen, & Döring, Nicola. (2016). *Forschungsmethoden und Evaluation* (5. Auflage). Springer.
Diekmann, Andreas. (1995). *Empirische Sozialforschung: Grundlagen, Methoden, Anwendungen.* Rowohlt Verlag.
Ebster, Claus, & Stalzer, Lieselotte. (2017). *Wissenschaftliches Arbeiten für Wirtschafts- und Sozialwissenschaftler* (5. Auflage). Facultas.
Eisenberg, Nancy. (2000). Writing a Literature Review. In Robert J. Sternberg (Hrsg.), *Guide to Publishing in Psychology Journals* (S. 17-34). Cambridge University Press.
Esselborn-Krumbiegel, Helga. (2014). *Von der Idee zum Text. Eine Anleitung zum wissenschaftlichen Schreiben* (4. Auflage). Schöningh UTB.
Flick, Uwe. (2004). *Triangulation. Eine Einführung.* Verlag für Sozialwissenschaften.
Franck, Norbert, & Stary, Joachim. (2009). *Die Technik wissenschaftlichen Arbeitens.* (15. Auflage). Ferdinand Schöningh.
Friedrichs, Jürgen. (1990). *Methoden empirischer Sozialforschung.* Westdeutscher Verlag.
Hienerth, Claudia, Huber, Beate, & Süssenbacher, Daniela. (2009). *Wissenschaftliches Arbeiten kompakt.* Linde Verlag.

Karmasin, Matthias, & Ribing, Rainer. (2007). *Die Gestaltung wissenschaftlicher Arbeiten*. (2. Auflage). Wiener Universitätsverlag.

Kromrey, Helmut. (1994). *Empirische Sozialforschung* (6. Auflage). Leske+Budrich.

Kromrey, Helmut (1990): *Empirische Sozialforschung: Modelle und Methoden der Datenerhebung und Datenauswertung*, Leske + Budrich.

Lehmann, Günter. (2011). *Wissenschaftliche Arbeiten* (3. Auflage). Expert Verlag.

Lieber, Nicole. (1998). *Der Forschungsprozess als Abfolge von Entscheidungen – Forschungsablauf*. GRIN Verlag. (online) https://www.grin.com/document/106702 (06.03.2021).

Mayring, Philipp. (2016). *Einführung in die qualitative Sozialforschung. Eine Anleitung zu qualitativem Denken* (6. Auflage). Beltz Verlag.

Niederhauser, Jürg. (2000). *Duden - die schriftliche Arbeit: Ein Leitfaden zum Schreiben von Fach-, Seminar- und Abschlussarbeiten in der Schule und beim Studium* (3. Auflage). Dudenverlag.

Nienhüser, Werner, & Magnus, Marcel. (1998). Die wissenschaftliche Bearbeitung personalwirtschaftlicher Problemstellungen. Eine Einführung, in: *Essener Beiträge zur Personalforschung*, Nr. 4, S. 4.

Peters, Jan H., & Dörfler, Tobias. (2019). *Schreiben und Gestalten von Abschlussarbeiten in der Psychologie und den Sozialwissenschaften*. Pearson.

Roscher, Klaus. (2009). *Hinweise zur Formulierung von Thesen, Hypothesen und Annahmen*. (online) http://www.fb03.uni-frankfurt.de/46036826/thesen_hypothesen_annahmen.pdf (06.03.2021).

Schmidt, Leo H. (2006). *Technologie als Prozess*. Dissertation. Freie Universität Berlin. (online) https://refubium.fu-berlin.de/handle/fub188/5912 (06.03.2021).

Schnell, Rainer, Hill, Paul B., & Esser, Elke. (1995). *Methoden der empirischen Sozialforschung* (5. Auflage). R. Oldenbourg.

Sternberg, Robert J. (2011). Writing a Literature Review. In Robert J. Sternberg und Karin Sternberg (Hrsg.). *The Psychologist`s Companion* (S. 61-79). Cambridge University Press.

Stoetzer, Matthias. (2012). *Erfolgreich recherchieren*. Pearson.

Yin, Robert K. (2014). *Case Study Research, Design and Methods* (5th edition). Thousand Oaks.

Internetquellen

(abgefragt am 06.03.2021)

Nachfolgend finden Sie Links zu Informationen für Teile von wissenschaftlichen Arbeiten, die beachtet werden sollten. Die Angaben zu einem Exposé, einem Abstract, einem Executive Summary variieren bei den verschiedenen Hochschulen/Universitäten vor allem hinsichtlich des geforderten Umfangs. Sie müssen immer die Angaben des betreffenden Zentrums oder Departments beachten.

Weitere Informationen zur Formulierung einer Forschungsfrage:
http://www.sowi.ruhr-uni-bochum.de/sozanth/fragest.html.de
https://juhudo.wordpress.com/2009/05/22/was-ist-eine-forschungsfrage/
https://studi-lektor.de/tipps/promotion/forschungsfrage-untersuchungsziel.html

Weitere Informationen zur Erstellung eines Exposés:
https://www.phil-fak.uni-duesseldorf.de/politik/Mitarbeiter/Alemann/aufsatz/01_expose2001.pdf
https://www.uni-bielefeld.de/erziehungswissenschaft//scs/pdf/leitfaeden/studierende/expose.pdf
https://karrierebibel.de/expose-schreiben/

Weitere Informationen zur Verfassung eines Abstracts bzw. Executive Summary:
https://www.rfp-templates.com/research-articles/abstract-vs-executive-summary
https://www.fuer-gruender.de/wissen/existenzgruendung-planen/executive-summary/
https://www.studieren.at/uni-abc/beispiel-abstract/
https://www.scribbr.de/aufbau-und-gliederung/abstract-schreiben/

Beispiele für Abstracts:
https://www.nlm.nih.gov/bsd/policy/structured_abstracts.html
https://studi-lektor.de/tipps/bachelor-thesis/abstract-schreiben.html
https://www.giga.de/ratgeber/specials/abstract-schreiben-anleitung-funktion-beispiele/

https://www.bachelorprint.at/wissenschaftliches-schreiben/abstract-schreiben-beispiele/
https://www.mentorium.de/abstract-masterarbeit/

Weitere Informationen zu Zielen und Zweck
https://patthomson.net/2014/06/09/aims-and-objectives-whats-the-difference/
https://www.diffen.com/difference/Goal_vs_Objective
https://spot-the-difference.info/difference-between-purpose

Weitere Informationen zur Forschungsmethodik
http://www.univie.ac.at/ksa/elearning/cp/quantitative/quantitative-titel.html
http://nosnos.synology.me/MethodenlisteUniKarlsruhe/imihome.imi.uni-karlsruhe.de/nquantitative_vs_qualitative_methoden_b.html
https://studi-lektor.de/tipps/qualitative-forschung/qualitative-quantitative-forschung.html

Weitere Informationen zum Hermeneutischen Zirkel:
Werner Stangl, Linz 1998: https://arbeitsblaetter.stangl-taller.at/ERZIEHUNGSWISSENSCHAFTGEIST/HermeneutikZirkel.shtml#:~:text=Der%20%22hermeneutischer%20Zirkel%22%20kennzeichnet%20wohl,Verstehens%20aus%20dem%20elementaren%20Verstehen.

Weitere Informationen zu Hypothesen:
Mario Sedlak: https://sedl.at/Hypothesen
Roscher, Klaus (2009): Hinweise zur Formulierung von Thesen, Hypothesen und Annahmen, (online) https://www.fb03.uni-frankfurt.de/46036826/thesen_hypothesen_annahmen.pdf

Weitere Informationen zum Forschungsprozess:
Mayring, P. (2001): *Kombination und Integration qualitativer und quantitativer Analyse*, in: Forum Qualitative Social Research Sozialforschung, verfügbar unter http://www.qualitative-research.net/index.php/fqs/article/viewArticle/967/2110http://flash1r.apa.org/apastyle/basics/
https://www.kuwi.europa-uni.de/de/lehrstuhl/vs/polsoz/Lehre-Archiv/lehre-ws10/schwarz-emp-meth/Methoden_Planung.pdf
http://www.fernuni-hagen.de/psychologie/psychologisches_institut/wp-content/uploads/2016/09/Literaturarbeit.pdf

Beispiele für Harvard-Zitierweise:
https://library.aru.ac.uk/referencing/harvard.htm

Beispiele für APA-Zitierweise:
https://www.scribbr.de/apa-standard/apa-richtlinien-7-auflage/
https://cdn.scribbr.com/wp-content/uploads//2020/01/APA-7.-Auflage-Vorlesungsfolien.pdf

Beispiele für Literaturverwaltungsprogramme:
https://www.mendeley.com
https://endnote.com/
https://www.citavi.com/
https://www.zotero.org
https://www.chip.de/downloads/Zotero_55693329.html
http://www.jabref.org/
https://sourceforge.net/projects/jabref/

Tabellenverzeichnis

Tabelle 1: Fragetypen wissenschaftlicher Fragestellungen 29
Tabelle 2: Vergleich von Zweck und Ziel 37
Tabelle 3: Beispiel zum Aufbau einer wissenschaftlichen Arbeit 42
Tabelle 4: Fünf-Phasen-Modell nach Atteslander 84
Tabelle 5: Unterschiede zwischen qualitativen und quantitativen
           Methoden 94
Tabelle 6: Tabellarische Veranschaulichung der Ergebnisse 110
Tabelle 7: Quellenarten und ihre Zitationswürdigkeit 122
Tabelle 8: Renommierte deutschsprachige und englischsprachige
           Verlage 124
Tabelle 9: Beispiele für Beurteilungskriterien 152
Tabelle 10: Notenschlüssel und Begründung 157

Abbildungsverzeichnis

Abbildung 1: Konkretisierung des Themas mittels Mindmap 22
Abbildung 2: Typische Fehler bei der Gliederung der Arbeit 55
Abbildung 3: Beispielhafte Gliederung einer Abschlussarbeit 58
Abbildung 4: Ablaufmodell für qualitative und quantitative
　　　　　　　Forschung 85
Abbildung 5: Suchanfrage Mitarbeitende AND Verkauf 114
Abbildung 6: Suchanfrage für employees OR personnel 114
Abbildung 7: Suchanfrage für Arbeitslosigkeit NOT Jugendliche 115
Abbildung 8: Verknüpfung von Suchbegriffen 117

Anhänge

(1) Ergebnisse Wissenstests

Wissenstest 1
1: a, b, d, 2: a, c, d, 3: a, d, 4: a, b, 5: b, c, 6: c, 7: c, 8: c, d

Wissenstest 2
1: a, c, d, 2: a, b, 3: a, b, c, 4: a, 5: b, d, 6: c

Wissenstest 3
1: a, c, d, 2: a, b, 3: b, d, 4: b, c, 5: b, c, 6: c

Wissenstest 4
1: c, 2: b, 3: c, d 4: b, c, d, 5: a, c, 6: b, 7: a, b, d

(2) Anleitungen und Vorlagen

Anleitungen und Vorlagen zur Erstellung von Exposés, Proposals oder Arbeiten können über die Verlagsseite heruntergeladen werden (unter https://www.utb.de/doi/book/10.36198/9783838556079 /Bonus-Material).

Glossar

Abbildungs-/Tabellenverzeichnis
Das Abbildungs- und das Tabellenverzeichnis stehen nach dem Inhaltsverzeichnis, werden nicht mehr nummeriert und müssen richtig bezeichnet werden: Abb. 1: ... (Quelle: ...), Tab. 1: ... (Quelle: ...). Die Abbildungsbezeichnung steht unterhalb der Abbildung, die Tabellenbezeichnung oberhalb der Tabelle.

Abstract
Das Abstract wird vor das Inhaltsverzeichnis gesetzt. Die Seitennummerierung erfolgt mit römischen Ziffern. Es soll einen Überblick über die Arbeit liefern, in einem Absatz geschrieben werden und max. eine Seite bzw. 150 bis 250 Wörter ohne Bilder und Literaturzitate umfassen. Es soll beinhalten: Problemstellung, Forschungsfrage, Methodik, Erkenntnisse und Schlussfolgerungen. Den Abschluss bilden Keywords (Schlüsselwörter).

Anhang
Enthält alles, das zu umfangreich für den Hauptteil wäre bzw. den Lesefluss stören würde, aber doch so wichtig ist, dass es auf jeden Fall in die Arbeit muss (z. B. der verwendete Fragebogen, Formulare, Geschäftsbedingungen, Anleitungen und Vorlagen).

Aufbau eines Kapitels
Ab dem 2. Kapitel sollte jedes Kapitel mit einer kurzen Angabe des Inhalts beginnen (z. B. Dieses Kapitel beschäftigt sich mit ...) und mit einer kurzen Zusammenfassung (ca. ½ Seite) der wesentlichen Inhalte enden.

Ausblick in die Zukunft
Zum Abschluss sollte auch auf Zukunftsaspekte eingegangen werden. Was sollte in Zukunft geschehen? Was geschieht mit den Ergebnissen der Arbeit?

Datenanalyse
Nachdem die Daten aufbereitet worden sind, folgt die Datenanalyse in Form einer Darstellung und Interpretation der Ergebnisse.

Datenerhebung
Bei der Erhebung von Daten wird zwischen Primär- und Sekundärdaten unterschieden. Während Primärdaten neu erhoben werden müssen, kann bei den Sekundärdaten auf bereits vorliegende Daten zurückgegriffen werden, die schon für andere Forschungsvorhaben erhoben worden sind.

Diskussion
Die Ergebnisse der Arbeit werden im Licht der wissenschaftlichen Fragestellung diskutiert bzw. interpretiert.

Exposé
Das Exposé sollte nicht länger als vier Seiten sein und im Wesentlichen dem Inhaltsverzeichnis der verfassten Arbeit entsprechen. Es sollte folgende Punkte enthalten: Problemstellung, Forschungsfrage, Ziel der Arbeit, Methodik/ Vorgehensweise, Aufbau der Arbeit (Inhalt der einzelnen Kapitel und Inhaltsverzeichnis) und bisher bearbeitete Literatur.

Einleitung
Die Einleitung liefert die grundlegenden Informationen über alle Bereiche, die zum Verständnis der Arbeit notwendig sind. Sie sollte folgende Punkte detaillierter als im Abstract enthalten: Problemstellung, Forschungsfrage, Ziel der Arbeit, Methodik/Vorgehensweise und eine Beschreibung des Inhalts der einzelnen Kapitel.

Empirische Arbeit
Bei einer empirischen Arbeit erfolgt die Beantwortung der Forschungsfrage durch eine theoriegeleitete Erhebung sowie eine Analyse und Interpretation von erhobenen Daten.

Executive Summary
Soll die Geschäftsleitung über die Ergebnisse bzw. den Nutzen der Projektarbeit/Master-Thesis für das Unternehmen informieren. Ist nur notwendig in Sonderfällen zu verfassen.

Forschungsfrage
Es muss sich um eine globale W-Frage (Leitfrage) mit einem Fragezeichen am Ende der Frage handeln. Sie wird aus dem Thema abgeleitet. Weitere Unterfragen können angeführt werden. Sie müssen aber zur Beantwortung der Leitfrage beitragen.

Gliederung
Die Gliederung des Inhaltsverzeichnisses muss normgerecht nach dem Dezimalsystem erfolgen. Die Nummerierung der Kapitel beginnt mit 1. Einleitung und endet mit der Zusammenfassung und Ausblick. Hinter der letzten Ziffer steht kein Punkt.

Hauptteil
Im Hauptteil werden die Problemstellung und die Forschungsfrage bearbeitet, wissenschaftlich gegensätzliche Standpunkte dargelegt und kritisch diskutiert, das Vorgehen beschrieben, die Ergebnisse bzw. Erkenntnisse dargestellt und interpretiert, mit der Fachliteratur verglichen, und kritisch mit Begründungen reflektiert.

Hermeneutischer Zirkel
Unter Hermeneutik wird die Auslegung und Interpretation von Texten verstanden, d. h. also, dass es um das Verstehen bzw. die Erfassung von Sinn und Bedeutung von Texten geht. Durch das laufende Lesen von Texten erweitern wir unser Vorverständnis und somit auch das Verständnis der entsprechenden Materie. Das wissenschaftliche Vorgehen entspricht somit einem „spiralförmigen Interpretationsprozess".

Hypothese
Eine Hypothese ist eine zunächst unbewiesene Annahme bzw. eine Vermutung über bestimmte Ereignisse. Sie stellt damit eine vorläufige Antwort auf eine wissenschaftliche Frage dar, die im Zuge der Arbeit entweder „verifiziert" oder „falsifiziert" wird.

Interview
Mündliche oder telefonische Befragung (Halbstrukturiertes, Unstrukturiertes oder Vollstrukturiertes Interview).

Keywords
Keywords sind Schlüsselwörter, die über wesentliche Inhalte der Arbeit informieren und am Ende des Abstracts angeführt werden.

Kurzzitat
Kurzzitate werden im Text angeführt. Bei einem Kurzzitat werden in runder Klammer der Zuname der Autorin/des Autors, das Erscheinungsjahr des referenzierten Textes und die Seitenangabe geschrieben (Bauer 1998: 165).

Metaanalyse
Eine Metaanalyse ist ein statistisches Verfahren, um die Ergebnisse verschiedener Studien, welche dieselbe Fragestellung in einem wissenschaftlichen Forschungsgebiet verfolgen, quantitativ zusammenzufassen und zu bewerten.

Methode
Als Methode werden die verschiedenen Methoden der Datenerhebung wie etwa die Befragung, die Beobachtung, und die Methoden der Datenanalyse bezeichnet.

Methodik
Als Methodik wird die Gesamtheit der Techniken der wissenschaftlichen Vorgehensweisen bezeichnet. Die Methodik besteht aus einer Literaturrecherche bzw. einem Literaturstudium oder einer empirischen Arbeit (Fragebogen, Experteninterviews, teilnehmende oder nicht teilnehmende Beobachtung, Experiment).

Methodologie
Unter Methodologie wird im deutschsprachigen Raum die Theorie bzw. Lehre von den wissenschaftlichen Methoden verstanden. Im angloamerikanischen Raum werden mit Methodology hingegen die Methodik und die Methode bezeichnet.

Objektivität eines Tests
Die Objektivität eines Tests gibt an, in welchem Ausmaß die Testergebnisse vom Untersuchungsleiter unabhängig sind.

Primärforschung
Informationsgewinnung durch originäre Datenerhebung über Befragungen, Beobachtungen und Experimente.

Problemstellung
Gegenstand der wissenschaftlichen Arbeit ist ein Problem, das konkret beschrieben werden muss. Aus der Problemstellung soll deutlich erkannt werden, um welches Problem es sich handelt, wie aktuell es ist, warum und für wen dieses Problem eine besondere Bedeutung hat und wie das Problem gelöst werden soll.

Qualitative Methoden
Bei den qualitativen Methoden geht es um eine qualitative Betrachtung des Untersuchungsgegenstandes bzw. um die Erkenntnis der Qualität der erhobenen Daten. Qualitative Methoden werden verwendet, wenn eine neue Theorie oder neue Hypothesen entwickelt werden sollen.

Quantitative Methoden
Bei den quantitativen Methoden geht es um einen quantitativen Blick auf den Untersuchungsgegenstand, d. h. um eine Betrachtung von Mengen, Größenverhältnissen oder Anzahlen. Mit quantitativen Methoden kann eine Theorie bestätigt oder widerlegt werden.

Reliabilität eines Tests
Die Reliabilität eines Tests kennzeichnet den Grad der Genauigkeit, mit dem das geprüfte Merkmal gemessen wird.

Schlussteil
Der Schlussteil setzt sich aus der Zusammenfassung und dem Ausblick zusammen und sollte nicht mehr als zwei bis drei Seiten umfassen. Die Ergebnisse der gesamten Arbeit werden im Licht der wissenschaftlichen Fragestellung zusammengefasst und bewertet.

Sekundärforschung
Informationsgewinnung aus bereits vorhandenen, ursprünglich für andere Zwecke erhobenen Daten.

Teile nach dem Textteil
Die Teile nach dem Textteil umfassen das Literaturverzeichnis, eventuell weitere Verzeichnisse wie Abbildungsverzeichnis, Tabellenverzeichnis und Abkürzungsverzeichnis, eventuell einen Anhang und möglichenfalls ein Glossar. Diese Teile werden nicht nummeriert, die Seitennummerierung mit arabischen Ziffern läuft aber weiter.

Textteil
Der Textteil einer wissenschaftlichen Arbeit unterteilt sich in Einleitung, Hauptteil und Schlussteil. Die Kapitel des Textteiles werden von der Einleitung bis zur Zusammenfassung und zum Ausblick nummeriert. Die Seitennummerierung erfolgt mit arabischen Ziffern vom Inhaltsverzeichnis fortlaufend bis zum Ende der Arbeit.

Thema
Jede wissenschaftliche Arbeit beginnt mit einer Gliederung und Strukturierung einer Thematik. Nachdem ein Thema spezifiziert ist, kann daraus die Problemstellung abgeleitet werden.

Titel der Arbeit
Der Titel sollte über die Problemstellung informieren und bei der Leser/innenschaft eine Neugier bzw. ein Interesse auslösen, aber keine falschen Erwartungen wecken. Er ergibt sich aus dem Thema und der Forschungsfrage.

Titelei
Mit dem Sammelbegriff Titelei werden die ersten Seiten einer wissenschaftlichen Arbeit bezeichnet, die dem eigentlichen Text vorausgehen. Dazu gehören das Deckblatt bzw. das Titelblatt, eventuell ein Sperrvermerk, möglichenfalls ein Vorwort und eine Danksagung, eventuell ein Executive Summary und das Abstract.

Validität eines Tests
Die Validität eines Tests gibt an, wie gut der Test genau das misst, was er zu messen vorgibt.

Vollzitat
Wir empfehlen das Kurzzitat. Vollzitate erfolgen in einer Fußnote. Angegeben werden: Name, Vorname (Jahr): Titel/Untertitel, (Auflage), Ort: Verlag. z. B.: Bortz, Jürgen und Nicola Döring (2016): *Forschungsmethoden und Evaluation*, 5. Auflage, Springer.

Vorwort
Im Vorwort kann angeführt werden, warum dieses Thema gewählt wurde oder weshalb es Interesse weckte. Es können auch Personen oder Organisationen angeführt werden, die beim Verfassen der Arbeit Unterstützung geliefert haben.

Ziel
Ziele sollten konkret, messbar und kurz- bis mittelfristig sein und durch aktive Sätze formuliert werden.

Zusammenfassung
Eine Zusammenfassung (auch als Fazit, Resümee, Schlussfolgerungen oder Quintessenz bezeichnet) ist eine wertende Zusammenfassung der Ausgangssituation (inkl. Problemstellung und wissenschaftlicher Fragestellung) und enthält die wesentlichen Ergebnisse bzw. Erkenntnisse der Arbeit, auf deren Basis Schlussfolgerungen gezogen werden sollen.

Zweck
Der Zweck drückt aus, was erreicht werden soll und bezeichnet die Gesamtabsicht bei einer wissenschaftlichen Arbeit. Er zeigt den Grund der Forschungstätigkeit. Der Zweck ist daher allgemein, nicht messbar und langfristig gefasst.

René Merten

Changemanagement für Hochschulabsolventen

Persönliche Lebensveränderungen meistern

utb S
2020 • 200 Seiten • Kart. • 17,00 € (D) • 17,50 € (A)
ISBN 978-3-8252-5366-0 • eISBN 978-3-8385-5366-5

Veränderungsbereitschaft, Flexibilität und Anpassungsfähigkeit sind die Anforderungen an die Generationen Y und Z. Dieser Ratgeber wendet die aus dem Business bekannten Tools des Changemanagements auf persönliche Veränderungssituationen von Hochschulabsolvent/innen an: Studienabschluss, erster Job, die anstehende Familiengründung – praxiserprobt mit Übungen, Tipps und Interviews.

www.utb-shop.de

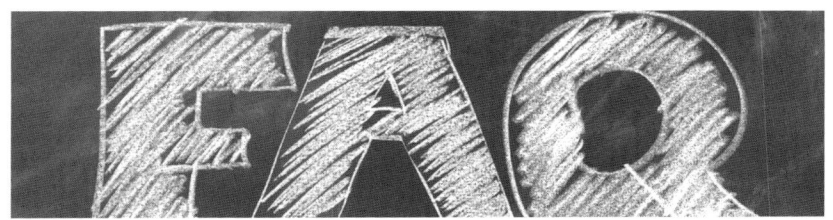

Jochem Kotthaus (Hrsg.)

FAQ Methoden der empirischen Sozialforschung

für die Soziale Arbeit und andere Sozialberufe

utb S
2020 • 275 Seiten • Kart. • 17,90 € (D) • 18,50 € (A)
ISBN 978-3-8252-5368-4 • eISBN 978-3-8385-5368-

Methoden empirischer Sozialforschung nehmen eine Sonderstellung in der Sozialen Arbeit und den Sozialberufen ein: Sie sind wesentlich für die Generierung neuen Wissens, erklären sich jedoch nicht aus der Logik des Alltags oder der Arbeitspraxis. Mit diesem FAQ soll Studierenden der Weg zum Verstehen erleichtert werden. Beantwortet werden typische Fragen wie „Was für Methoden gibt es?" und „Wofür brauche ich das?".

www.utb-shop.de

Swantje Lahm
Thomas Hoebel (Hrsg.)

Kleine Soziologie des Studierens

Eine Navigationshilfe für sozialwissenschaftliche Fächer

*utb S • 2020 • 132 Seiten • Kart. • 10,00 € (D) • 10,30 € (A)
ISBN 978-3-8252-5573-2 • auch als eBook*

Studieren ist ein Wagnis. Immer wieder gibt es knifflige Situationen – in Lehrveranstaltungen, bei der Arbeit an einem eigenen Text oder im Kontakt mit der Verwaltung. Achtzehn Essays laden dazu ein, das eigene Tun im Handlungs- und Erlebenskontext „Studium" zu reflektieren und sich den auftauchenden Herausforderungen selbstbewusst und kritisch zu stellen. Als Navigationshilfe enthält das Buch soziologisch inspirierte Tipps und Tricks und regt zum Nachdenken an, ohne dass die Autor*innen besserwisserisch den Zeigefinger erheben. Jeder Essay adressiert im Kern ein praktisches Problem. Ein Nachwort befasst sich mit der Frage, wie sich Studieren unter den Bedingungen der Corona-Pandemie verändert.

www.utb-shop.de

Jasmin Döhling-Wölm

Karriere, Macht und Netzwerke

Spielregeln für die Karriereentwicklung

2., erweiterte Auflage 2020 • 155 Seiten • Kart. • 19,90 € (D) • 20,50 € (A)
ISBN 978-3-8474-2433-8 • eISBN 978-3-8474-1570-1

Ist es wirklich ein Ausstieg aus der Wissenschaftskarriere, wenn eine hochdotierte Historikerin in eine NGO wechselt? Oder handelt es sich nicht schlicht um einen Feldwechsel einer hochqualifizierten Akademikerin? Die Autorin zeigt einen Weg auf, die eigene Karriereentwicklung aktiv und eigenverantwortlich in die Hand zu nehmen – und dabei die persönlichen Netzwerke konstruktiv zu nutzen. Die zweite, erweiterte Auflage nimmt auch den angemessenen Umgang mit digitalisierten sozialen Netzwerken in Karriereprozessen, der sich zunehmend zu einer Schlüsselkompetenz von Fach- und Führungskräften entwickelt, in den Blick.

www.shop.budrich.de